ポストイクメンの男性育児

妊娠初期から始まる育業のススメ

平野翔大

産業医・産婦人科医・Daddy Support協会代表理事

791

中公新書ラクレ

はじめに

令和の時代、男性も育児をするのは「当たり前」になりつつある。２０１０年に「イクメン」という言葉が流行語大賞にノミネートされ、２０２０年の育休取得率は12・65％と前年比で倍増し、育児休業でなくても何らかの形で休暇を取得している男性は半数近くになっている。さらに２０２２年４月には介護・育児休業法が改正され、同年10月に「産後パパ育休」（出生時育児休業）制度が創設された。２０２３年４月からは「大企業における育児休業取得状況公表の義務化」が開始となる。法的には、日本の父親の育児環境は大きく変わったと言えるだろう。

しかし、「イクメン」ノミネートから10年以上が経ったが、「育児をしやすい環境か？」と聞かれると、「そうだ」と言える人はほとんどいない。**「男性も育児をすべき」**なのに、**「育**

児をしやすい環境ではない」というのが、日本の男性育児の現状なのである。

なぜだろうか。そこには父親を取り巻く環境・社会の意識・法律・企業の雇用慣例など、様々な問題が関わっている。

しかし筆者が一番の問題だと思うのは、**「男性の育児・育休は、推進ばかりで『支援』の視点が欠けている」**という点だ。

世の中を見てみると、未だに「育児は女性」の文化が根強い。ベビー用品店のマーケティング対象は女性ばかり。乳児健診で「お母さんは？」と聞かれることも少なくない。そして**乳児健診を規定する法律は、未だ「母子保健法」のまま**だ。

育児休暇の法制度だけが大きく進んだ反面、実態となる文化は進んでいないのだ。「男性が育児をするのは当たり前」という流れができる中で、企業や人々の文化は「女性が育児のまま。当然、育児支援も女性向けにばかり展開されている。

その結果として、最近では**「取るだけ育休」**といった問題も出てきており、「イクメン」に対しては**7割の方が「イクメン嫌い」**という現象すら起こしてしまっている。「男性も育児に参加すべき」なのに、「イクメンには否定的」。この問題の裏には、男性に育児をやれというものの、その環境や体制を整備してこなかった、**社会システムの問題**があると考えている。

だからこそ、そろそろ**「ポストイクメン」**について考える必要があるのではないだろうか。

本書では、この「ポストイクメン」について、**「父親3・0」**と定義してみた。いわば「昭和型父親」が「父親1・0」、「イクメン」が「父親2・0」であり、これからの父親像が「父親3・0」である。

「父親3・0」では、「誰もが育児に携わる」という前提で、父親自身のみならず、社会が変わる必要性がある。〝Web3・0〟が分散型システムであるのと同様に、「父親3・0」では社会で分散して育児負担を担うことが必要だ。「父親1・0」では母親だけに負荷が乗り、「父親2・0」ではそこに父親が加わる流れができた。しかしそもそも、「育児を両親だけで行う」こと自体が困難なのである。だからこそ**「分散型育児」「普遍的な育児」として、改めて「父親3・0」と定義した。**

この「父親3・0」は、筆者の現場での経験と、様々な親たちの声を基にした。

筆者は産業医・産婦人科医として、現場で多くの母親・父親と向き合ってきた。その中で、「父親の問題」が妊娠・出産・育児に大きな影響を及ぼしていると考え、様々な夫婦にヒアリングを重ねてきた。その結果、父親からは**「何をやっても怒られる」「何を知ればいいのか、それすら分からない」**という悲痛な叫び、そして母親からは**「何かやってもらうとむしろ作業が増える」「一人のほうがやりやすいから、むしろいなくていい」**という嘆きの声が聞こえてきた。

「父親使えない論」とでも言われそうだが、**父親を使えなくしているのは社会**であって、父親自身だけが悪いわけではない。**「知識なし・経験なし・支援なし」**の「三重苦」と筆者は父親の置かれた状況を表現しているが、まさに制度と文化の板挟みとなって、苦しみ、追い込まれている父親がいる。

特に筆者が強く感じている危機感は、日本社会が**「男性育児をポジティブに捉えすぎている」**ということである。もちろん促進しながらネガティブなことばかり言っていては進むものも進まなくなるが、その「リスク」に全く目が向けられていない。「男性の育児進出」は、明らかに「少子化解消」「女性の社会進出」から要請がきている。**「女性だけの育児には限界があったので、男性も育児に参画してください」**というわけだ。しかしその裏で、今の仕事の負荷も、社会構造も変えずに「仕事は今まで通り頑張って、育児もやってください」となれば、キャパオーバーにならないだろうか。もちろん女性が社会進出するために、男性が家事・育児を担わなければならないのはその通りだが、「本当に担い続けられる環境か？」という点に目は向けられているのだろうか。

結論を言うと、今の世間の目は「男性育休取得促進・取得率向上」にのみ向けられており、その中身や、長期的な変化には十分に向けられていない。強い社会的要請の割に、社会的「支援」には目が向けられていないのだ。

「今後の男性育児は、『推進』ではなく『支援』が重要になる」

これが本書を通じて筆者が皆さんに伝えたい、唯一のメッセージだ。

今の男性育児の状況を一人でも多くの方に伝え、支援が必要なこと、そしてそのプレイヤーは行政や専門職のみならず、「親子」の周りにいるすべての皆さんであることを理解してもらうのが望みである。

第1章ではまず、父親と母親から筆者が聞いてきた、「リアルな声」を取り上げつつ、今日本の男性育児に何が起きているのかを解説する。悲しいことに父親と母親には大きな「認識のズレ」が生じており、その原因はそれぞれの個々の問題ではなく社会的な問題によると筆者は考えている。簡潔に記したつもりなのでぜひ最初に読んでいただきたい。

第2章では様々なデータから、父親・母親両方の育児体制について解説する。男性の育休がいつ頃から始まったのか、どれくらい増えたのか、その裏に何があったのかを通じ、今後の男性育児を考えるにあたり必要な知識に触れていく。特に注目してほしいのが、「イクメン」という言葉の出現とその変化、そして本書の題名でもある「ポストイクメン」の実情だ。2010年頃から急激に後押しされた「イクメンブーム」に何があったのか、その裏で男性育休取得率があまり増えなかったのはなぜかについて、実際の研究も踏まえて整理した。最後に重要な問題である**「産後うつ」**についても触れた。母親だけでなく、父親もなること、そして今後、おそらく大きな問題となっていくことについて解説している。

第3章は第1、2章を受けて、父親に起きている問題を**「三重苦」**として整理した。「なぜ父親がうまく育児に参加できないのか」について、**「教育・経験・支援」**という3つの面から構造的に整理すると同時に、「父親の産後うつ」の事例を通じ、「男性育児の落とし穴」について紹介した。第1、2章はまず事実の解説につとめ、第3章ではリアルな実例を交え、問題点を分析するようにした。

第3章までで現状の解説と問題提起を行い、これを受けて第4、5章では実際にどうすればよいのかを提案していく。

第4章では、企業が現在置かれている状況を、法制度・求職者の面から整理し、**現代の企業も「板挟み」**になっていることを解説する。父親自身と同様、企業も難しい状況に置かれているが、同時にそれを打破する力も求められている。後半では産業医として見てきた実際の取り組み事例も紹介し、「女性の健康経営」の観点からも**「男性育休をチャンスに変える」**一助となるような情報を提供する。

第5章はこの本の1／4程度を占める。「父親3・0」の定義から、「男性育児が当たり前になる時代」に、目指してほしい男性像を紹介する。とはいっても**「理想の育児」ではなく、「要点を抑えた育児」**をする男性像だ。この本を手に取った方の中には、「より良い育児をしたい」と思う方もおられるかもしれないが、その前に押さえるべき「知識・目線」があることを指摘したい。後半では**実際に行うと良い取り組み**を、産婦人科医としての現場感・そして多数の父親へのヒアリング結果として紹介する。「親が健康」に育児するために重要な睡眠・食事、育休の取り方・過ごし方についても一つの形として提案した。男女の違いについても触れつつ、「男性の育児」がどうあるべきか、どこが父母で違って良くて、どこは近づけるべきなのかが分かると思う。

終章は、シンプルに**「育児で追い込まれた」と感じたら読んでほしい章**だ。自らのケア、家族のケア含め、最低限「気付いてほしい徴候」と「対処法」をまとめた。

本書は最初から最後まで、流れをもって一気に読み切れるように書いたつもりだ。しかし、各章だけでも内容としては完結するように心がけている。

例えば「自分の苦しみ」の原因を知りたい父親であれば、第3章から読んでもらっても構わない。企業で男性育休や育児の支援を考えている担当者であれば、第4章から読むのが良いだろう。実際にどうすればいいのか、を知りたければ、第5章から読むことも可能だ。

この本が真剣に悩んでいる方への一助となれば幸甚である。

目次

第5章　苦しみ、追い込まれる前にできる、父親の心得……181

図表作成・本文DTP／今井明子

第1章 父親の「悲鳴」、母親の「ホンネ」

この本を手に取るあなたは、まさに「悲鳴」を上げたい父親だろうか。それとも父親に色々と思うことがある母親だろうか。もちろん、それ以外の方にも読んでいただきたいが、自らが困った経験をしたことのある方もいるのではないだろうか。

筆者は産婦人科医として医療現場で妊産婦・パートナー・家族に向き合い、また延べ60人を超える父親、20組以上のカップル双方に対してヒアリングを重ねてきた。その中であまりにありありとした「男女それぞれの苦しみ」を伺った。もちろん、家族の形や考え方は千差万別である。1つとして同じ事例は存在しない。しかし多くの方に話を聞いていくにつれ、その根源にある「構造的問題」に目を向けずにはいられなかった。

「日本の育児には、大きな構造的問題があるのではないか」
「そして、男性においてそれが顕著なのではないだろうか」

その気付きを起点に、様々なヒアリングを通じて得られた知見を解説していく。

まず第1章では、実際に聞いた「生の声」から、リアルな「父親の悲鳴」「母親のホンネ」について触れていく。なお、本にまとめるにあたり、事例については多少の脚色やぼかしを入れていることはご容赦願いたい。

「何をやっても怒られる」——父親のいま

「何をやっても怒られるんです。いろいろ自分なりに調べてやってみたりしているんですが、何をやってもダメ出しされます。どうしたらいいのか分からないんです。全く妻と同じようにやるのは難しいですし……」

このリアルな父親の声を読んだ時、皆さんはどう思っただろうか。

実際に、かなり多くの父親から聞いたのが、この**「何をやっても妻に怒られる」**という声だった。怒られる理由も色々ではあるが、これは決して「育児にコミットする気のない父親が、呆れた妻に言われたこと」ではない。自分自身も育児に強い興味・関心を持ち、ともすれば自分でも色々調べ、育休も取得した、そんな父親のリアルな「声」だ。

なぜ頑張っているはずなのに、「何をやっても怒られる」という状況ができてしまうのか。実際の父親の声を通じて、少し考えてみよう。

●「何を知ればいいのか、それすら分からない」

一番多くの父親から聞いたのが、**「何を知れば（聞けば）いいのか、それすら分からない」**という言葉であった。

産婦人科医という職業柄、ヒアリングの最後に時間があれば必ず、「何か聞きたいことはありますか」と質問している。しかし、そこで**「結局何が分かっていないのか、分かっていないんです」**という方は決して少なくない。

学生の時、苦手分野ほど「先生に質問していい」と言われても「何を質問すればいいかが分からない」という状況になったことがある人もいるのではないだろうか。基本的なことが理解できないと、質問もできず、そこからどんどん苦手になっていってしまう。日本では性教育の不足もあり、まさに男性にとっての「妊娠・出産・育児」がこの状況になっているのだ。

少し例えで考えてみよう。

あなたが投資を始めたいと思ったとしよう（投資に関わる職業ではないと仮定する）。

まずどのような行動を取るだろうか。いきなりネットで証券口座を開設し、株を買ってみる方もいるかもしれないが、多くの方が、銀行に行く、ネットで調べる、書籍を読む、など「情報収集」を選択するのではないだろうか。

その結果、多くの方が余剰資金で債券や株式、投資信託などを始める。ある程度基本的なことを学べば値動きや動向が把握でき、かつ大損をしても大きなリスクを抱えないような資金から開始すると思う。

この状況で、投資用不動産やデリバティブ・先物、さらにはＦＸ・仮想通貨といったものにいきなり手を出す方は多くないだろう。預金と債券・株式の違いならまだしも、複雑なものを理解するためには相応の知識が必要になる。しかし基本的な知識を得ず、ブログなどの「これが儲かる！」といった話に飛びついてしまい、騙されてしまう人も決して少なくはない。

この問題は、「総論的知識がない」ということが根底にある。金融というのは非常に複雑、かつ多くの社会動向や法規制・税制も関連し、それが正解かどうかは実際に投資をして値動きをみなければ分からない。基本的な商品の性質、金利や配当の仕組みなどが理解できれば

「怪しいハナシ」もある程度見分けられるようになるかもしれない。しかし基礎知識がないままに断片的な知識で判断すると、専門家から見れば「怪しいハナシ」でも、「良いハナシ」に見えてしまい、騙されるのである。このような「怪しいハナシ」を見分けるためには、そこに出てくる言葉の意味を理解し、かつ全体像を把握した上で適切な知識を得ることが必要になる。

まさに投資は、多くの初心者にとって、「何を知ればいいのか、それすら分からない」世界なのである。様々なワードが飛び交うが、「この話は正しいのか」を判断するために、「何を調べれば(=知れば)いいのか」が分からない。基礎知識が不足しているから、何かを調べようとしても、「どういう検索ワードで調べればいいのか」が分からないのである。

しかし投資においては、幸い「プロにお金を預ける」という選択肢がある。「投資助言・代理業」という職業があり、必ずしも自分で全部判断し、運用する必要はない。今でこそNISAやiDeCo、そしてネット証券会社の登場により、投資のハードルはかなり下がったと言えるが、これらも含め多くが、プロに手数料を払って運用を任せる形式を取っている。圧倒的な知識を持っているプロに「代理して」もらうことで、そのリスクを減らすことができるのだ。

これが育児となると、そうはいかなくなる。育児と投資の最大の違いは、**「代理業」が存在しない**ことだ。ベビーシッターなどに任せる手はあるが、あくまで育児の中心は親であり、基本的にその役割や決定を他人に委ねることは難しい。

そして**「とりあえずやってみる」というわけにもいかない**。妊娠すればそこには一人の「命」があり、「とりあえず１万円だから、投資で失敗しても痛くない」という話ではないのだ。最初から自らの手で進めていく必要があるし、失敗してもなんとかなる、というわけにはいかない。

しかし、妊娠・出産・育児の「知識」を学ぶのは、日本においては非常に難しい。

筆者は産婦人科医なので、卵子・精子から子どもの発達まで、「系統化された知識」としてかなり詳しいところまで知っている。しかし、日本では未だに義務教育で妊娠・出産・育児についてきちんと教えていない。基本的なところすら、知らない方が多いというのが専門職としての実感だ。由々しき問題であるが、少なくとも今の育児世代はその教育システムの中で育ってきてしまっている。

このような**「基礎知識不足」からくるトラブルは、枚挙に暇《いとま》がない**。

ある父親は、妊娠・出産・育児の知識について、「野球について調べたら、メジャーリーグと草野球の情報がごちゃまぜに出てくる状態」と表現した。「正しい知識と、正確ではない知識が混在している」というニュアンスだ。

少しでも育児・出産に関して生じた疑問を調べたことがある方なら、このことの意味が分かると思う。


この父親は、つわりで苦しむ妻に対し、なんとかしようと、「つわり中に食べると良いもの」を調べた。その結果「分食や食物繊維などが良い」という知識を元に、実際に食事を作ろうとした。しかし、妻からは怒りを買ってしまったという。妻は産婦人科医から「食べられるものを、食べられる時に食べてもらえれば良い」と言われており、気が向いた時に手に取りやすいお菓子などで対処しようとしていたのだ。ただでさえ食べられない中で、食べにくいものを出された妻が怒るのも致し方ないと思うが、この父親も全く悪気はなく、むしろ積極的に向き合おうとしていた。

確かに、つわり中でも感染のリスクがあるものなど、「避けたほうがいいもの」は一部ある。しかし基本的には栄養バランスより「食べられるものであれば何でも良い」と多くの産婦人科医は指導する。

この父親は「食べられないからより気を遣わなければ」と考え、色々調べた結果、まさに妻にとって「食べにくいもの」を提案してしまった。「つわりにいい食事」と検索すると、「こんな食事が良い」という具体的な情報は多く出てくる。しかしその情報の中から、「食事の内容より、今は食べられるかどうかが大事」という情報を見つけ出すのは難しい。まさに「メジャーリーグ」に相当する「医学的な情報」である「食べられるものなら何でも良い」と、「草野球」に相当する「個々の経験談」などによる「この食品が良い」という情報が混在しており、この父親は草野球の情報で対処してしまったのだ。

今度は他の父親が、「断片的な知識で判断してしまい、後悔した」と振り返る事例をご紹介しよう。

妊娠に関して比較的よく知られている知識として、「40週0日が予定日」というものがある。「予定日」という言葉から、多くの方は、赤ちゃんがこの日に産まれるようなイメージを抱かれている。実際に父親に「赤ちゃんが産まれるのはいつ頃だと思いますか」という質問をすると、「予定日前後1週間程度」と答える人が最多であった（筆者調べ）。

しかし医学的に正しいのは「37週0日から42週0日であれば『正期産』＝産まれても問題のない時期」だ。5週間もの幅がある。しかも一番多く産まれるのは40週ではなく38週であり、正期産のうち、40週0日の前後1週間（39週台・40週台）で産まれるのはなんと半数以下である*1（ただし病院における分娩の統計である点に注意）。

実際、出産に備えて40週の近辺でわざわざ予定休暇を取り、37週に最後の出張を組んだものの、その出張中に産まれてしまったという父親の事例を関係先から聞いたことがある。「37週から産まれる可能性がある」という知識さえあれば、このような事態は避けられたはずだが、「40週が予定日」という断片的なイメージが先行してしまっていたのである。

この事例は「悲しい思い」程度で済んでいるが、知識によっては妊婦や赤ちゃんを危険に晒しかねないものもある。

そして残念なことに、まさに投資でいう「怪しいハナシ」、つまり**「育児ビジネス」**が世界中ではびこっている。特に精神発達や自閉症に関する領域では、全く科学的根拠のない言説や方法・商品がさも効果的かのように宣伝され、高額で売りつけられている実態がある。すべての育児情報が完璧に医学的根拠に基づいている必要はないが、異様に高額なものや、ともすれば害になりかねないものが存在し、これに騙される人も後を絶たない。

この状況は、父親においては特に強いストレスに繋がりやすいと考えられる。基本的な知識がない中で調べることは、「この情報は正しいのだろうか、自分の今の状況に合っているのだろうか」ということを常に考えなくてはならない。男性は行動を起こす際に、「正しい知識がある」ことを重視する傾向があるという研究結果もあり*2、知識に自信が持てない状態での育児には、より強いストレスを感じている可能性もある。母親であれば定期的に産婦人科医や助産師・保健師と接する機会もあるし、妊婦健診などを通じ関係性も構築できる。しかし父親は、その知識を確かめる先もないし、それ以前に判別する基礎知識も持つのも難しい。

男性にとって、「知識不足」はかなり深刻な問題なのだ。

●だから「何をやっても怒られる」

さきほど、つわり中の食事で妻の怒りを買ってしまった父親の話をしたが、これは決して稀な話ではないだろう。多くの父親が試行錯誤しつつ育児に挑戦し、結果として**断片的な知識から間違った行動を取ってしまう。**一つ一つは小さくても、積み重なれば母親からは「ダメな父親」という扱いを受けてしまいかねない。

更には後ほど触れていくが、「産後クライシス」や「父母で異なる思考の変化」により、出産直後は考え方・知識・経験、そして身体の状況含め、父親と母親で大きなズレが生じてしまっている。この状況で父親が育児をすれば、当然母親からすると「危ない育児」に見えることも増えていく。結果として、**「安心して任せられない」**と感じてしまい、「何をやっても怒られる」という状況を生んでいるのではないだろうか。

無論、父親自身が頑張る必要はあるかもしれない。母親が寛容になるべきという意見もあるかもしれない。

しかし、幼子の育児に必死な母親にも、初めての経験で戸惑う父親にも、個々の努力でこれを解決しろというのは難しい話ではないだろうか。

この状況は、**「男性を育児から排除し続けた数十年」のツケ**なのだ。男性に育児をさせてこなかった上に、義務教育で知識も教えていない。それで育児をやれというほうが、無理な話だ。「父親が不勉強」「分かっていない」と断じる前に、その父親自身が置かれている環境に、ぜひ目を向けてほしい。

「むしろいないほうがいい」——母親のいま

父親が「どうやったらいいか分からない」と嘆く中、多くの母親から聞かれたのは、悲しくも**「むしろいないほうがいい」**という声だった。母親のヒアリングも多岐にわたり、夫を教育し〝父親〟にした母親、諦めた母親、離婚して一人で育てる道を選んだ母親もいれば、育児の主体が父親で、母親のほうが仕事のウェイトが大きい夫婦もいた。それぞれに異なる問題や意見があったが、共通して存在した問題がいくつかある。

その中でも、関係性が悪化しているカップルの母親から多く聞かれたのが、「いないほうがいい」という声だった。決して簡単ではない育児において、「少しでもいればいい」ではなく、「いないほうがマシ」になってしまう心理は何なのだろうか。その理由が、「いるだけ手間が増える」というむしろ逆の声だった。

●家事認識のズレ――「やってもらうだけむしろ作業が増える」

「たまに日曜とかで料理するよ、と張り切って料理したり、子育てをやろうとするのはいいんですが、結局その前後で色々な家事が増えるんです。やり方も違うから後処理大変だし、それで『家事育児やった』と満足感出されてもねぇ……」

これは決して「ダメな父親」だけに対する感想ではない。多くの父親が最初、「自分にできることはなんだろうか」と、休みの日に見えやすい家事である料理などを頑張ったり、子どもと遊んだり、触れる時間を作ろうとする。育児のすべては「子どもと向き合う」ことから始まるのであるから、このような行為は素晴らしいことだ。しかし、その結果として、母親からは「手間が増えた」と思われてしまっているかもしれない。

この話をしてくれた母親が一番「迷惑」というのは、「休日の料理」だという。

普段働いている父親は、平日の料理をするのは難しいが、休日は精を出して料理をしてくれる。確かに出産前から時々料理をしてくれ、その腕は決して悪くないし、嬉しかったという。しかし産後はそれを「迷惑」と感じることが増えてしまった。

ここに母親の大きな思考の変化が隠れている。**出産後、子どもを抱えながらの家事は基本的に時間との戦いになる。**子どもが泣いたりすればそちらの対応に時間を取られるので、基本的な家事スタイルは「省エネ」。料理や洗い物も、可能な限り手間がかからないように進める。しかし父親の料理は以前と変わらない。味付けや見た目にも気を配り、一見「手の込んだ」料理で家事熱心な父親に見えるだろう。しかし手の込んだ料理はその分、使う道具も増えるし、後片付けも大変になる。

以前より省エネを意識するようになった母親にとっては、これが「無駄が多い」と見えてしまう。決して多くない頻度の料理のために食材・調味料や調理器具が増えたら、言葉を選ばずに言えば「邪魔」なのである。結局、母親にとっては「作業や手間が増える」だけだし、同時に「自分の手抜き」に対する劣等感のようなものも感じてしまうことになる。もちろん、父親が料理をする間の子どもの世話は母親がやっている。それなら、「その時間に子どもを見て休ませてくれたらな」と思うのだそうだ。

●「安心して一人になれる時間がほしい」

先程は「父親の家事・育児がむしろ迷惑」という悲しい声であったが、逆に上手くいっているカップルで「満足度は高いが更にお願いしたいことは？」という質問に対して返ってきたのが、この**「安心して一人になれる時間がほしい」**という声であった。先程の声の最後にも「休ませてくれたら」という思いが出てきたように、多くの母親が感じている要望だ。

この言葉は掘り下げると深い。「一人になれる時間がほしい」には、母親によって様々な意味が含まれている。一人でぐっすり眠りたい、休みたいという声もあるが、人によっては少し外出してリフレッシュしたり、友達と子どものことを気にしたりせずに過ごしたい、というニュアンスも含まれる。また、少し作業や仕事を集中して進めたいから、家事・育児から手が離せる時間がほしいというフリーランスの母親の声もあった。それぞれの働き方や状況に応じて「一人になれる時間」の定義は異なるが、共通するのは**「子どもと完全に離れる」**ということである。

これは、逆の質問である「一人になれない理由はなんですか？」の答えから意図が見えてくる。まずは「新生児から乳児までは片時も目を離せない」という理由が挙げられるが、同時に「自分が完全に目を離しても大丈夫な任せられる人がいない」という理由もあるのだ。

これが「安心して」の言葉の意味である。家の中で父親が子どもを見ることで、一人になる時間ができる、という話ではない。子どもの泣き声は母親にとって「有事」であり、これが聞こえる状態で「安心」はできない。ミルクやおむつ替えなど一式を父親だけでできなければ、途中で呼ばれたりしてしまい、「安心」にならない。つまり、**「父親が育児において独立している」ことが「安心して父親に子どもを預けて、一人になれる」ということの条件**なのだ。「何かあったらお母さんを呼ぶ」という状況から完全に解放される必要がある。

また今の時代、実家もなかなかこの「安心して」には該当しない。近くに実家があり、遠慮しない関係性まで築けていれば良いが、遠方で行くこと自体への時間や準備が必要だったり、見てもらうにしても気を遣ったりすることも多くなる。もちろん、ママ友なども手になるが、乳児をお互いにまとめて見るのは相当の労力であり、幼児などをお互いの家に遊びに行かせるのとはわけが違う。

これらの状況が望めない場合に、多くの母親が手段として考えるのが、「プロに委託する」という手だ。保育所や一時保育を利用し、一定の時間保育士などのプロに子どもを預けることで、母親は完全に育児から解放されることが可能だ。しかし受入先は潤沢とは言い難い。早いところで生後2か月から預けられるところもあるが、遅いと1歳以降などというところもある。特に早期の預かりは保育士の手間もかかる分、枠は決して広くない。費用もかかり、定期的に利用をするにはそれなりの負担になる。更には手続きも保育園など各窓口から枠を抑えねばならないなど、利用自体のハードルも高い。

下手すると、2時間の一時保育の枠を確保するために、探したり手続きをしたりするのに2時間以上かかることもざらではない。本来は制度面での根本的な改善が望まれるところだが、少なくとも現時点では、「気軽な」解決策にはならないのが現状だ。

つまり、一時保育が使えたり、ある程度子どもが大きくなって他人に世話をお願いしたりできるようになるまでは、**基本的に育児の戦力は両親しかいない**のだ。ここで父親が「独立した育児戦力」になれていなければ、母親は24時間365日、子どものことを意識から離すことはできない。

そして何より重要なのは、子育てにおいて一番大変な時期が生後すぐから半年あたりまでということだ。赤ちゃんの睡眠サイクルは短く、夜中に授乳や夜泣きのために起きる頻度も高い。この時期は、代わる相手がいなければ、母親はまとまって6〜7時間寝るのもままならない。

このような状況の中、一人で戦い続ければ「安心して一人になりたい」が最も大きな要望として出てくるのは当然だろう。しかし、日本の父親の多くがこの要望に応えられていないのも、残念ながら事実だ。子どもが産まれ、育児に直面し、このような状況を目の当たりにしない限りは、**「育児の大変な理由」も「大変な現状」も父親は知ることができない**。実際に２０２０年に行われた「妊娠期・育児期のパートナーシップ実態把握調査[*3]」では、「育児・家事は周囲の手を借りてやれれば良い」「子どもが小さいうちは、常に親がそばについて見守るべきだ」という考えにおいて、夫と妻で大きなスコアの差が見られており、母親の「一人になりたい」という要望が共有できていない可能性が高い。

すれ違い問題の本質

父母双方の意見を読んで、「すれ違い」を感じた読者も多いのではないだろうか。ヒアリングに応じてくれたことから、対象者は育児に積極的な父親が多かったと思われるが、父親の努力や頑張りが「空回り」したり、ともすれば「逆効果」になったりしている印象は否めない。対して母親の要望も、決して過剰なものではなく、育児の負担などを考えれば、むしろ控えめとすら思える要望だった。

ここまでは、筆者が聴取してきた事例として紹介したが、悲しいことにアンケート調査でも、この傾向があることは示されている。

●育児を通じて夫婦関係が悪化する日本の現状

前述した調査[*3]において、妊娠期から育児期におけるパートナーへの気持ちの調査も行われた。夫から妻に対する感情はほとんど変化が見られなかった反面、妻から夫に対しては、「愛情」「信頼感」「心の支え」「相手に大切にされているか」「困った時に助けてくれる」などの項目において減少が見られた。

妻から夫に対してのみ、感情的にマイナスの変化が見られたというのは非常に興味深い。夫は「何をやっても怒られる」と感じていても、妻に対する感情はそこまで変化していない。もちろん嫌な思いではあるだろうし、長期間続いたらマイナスの変化も強くなると思われるが、少なくともアンケートの調査対象である子どもが2歳未満の期間ではその影響は出ていない。

それに対し、妻はこの期間で夫への感情にマイナスの変化が見られる。両親の育児に関して、同調査では妊娠期から育児期以降も調査しているが、ここで妻が大きく変化し、夫との差が出ている項目が、**「育児の手間はなるべく省きたい」「レトルトの離乳食など、便利な食品を活用するのもよい」**であった。また同時に、「育児に関して、いつも不安に感じている」という感情が大きく減少しており、こちらは夫も減少しているものの、その減少幅は遥かに妻のほうが大きい。

これは先程のリアルな意見と一致する。**母親はなるべく手間を省きたいと考えており、それに対して父親は「育児に手をかけたい」と思っている。**普段から育児を担う母親が、省エネを重視し、それにより家事と育児の両立を身につける過程で「なんとかなる」と不安感を減じているのだとしたら、その結果として「父親が困った時に助けてくれる」ことを諦めているのかもしれない。

つまり、日本の母親は自分で育児を省エネで回すための技術を身につけ、同時に「父親を支えとする必要性」を減らしていると言える。その結果、父親への感情がマイナスになっているのだ。

しかし本調査では、**夫婦2人としての家事・育児の取り組みの自己評価が高いと、生活満足度も高い**という結果が出ている。つまり夫婦で協力できたほうが、お互いの生活の満足度も上昇する。決して父親は必要ないわけではなく、2人で相互理解して育児に取り組めれば、お互いにとってプラスになる可能性が高い。

●自分中心or赤ちゃん中心の違い

しかしなぜ、ここまで父親と母親で考え方の違いが出てしまうのか。

このような夫婦のすれ違いの根底に、筆者は**「何を中心に考えるか」**の違いがあると考えている。これを「自分中心か、赤ちゃん中心か」と表現している。

出産前は基本的に男性も女性も「自分中心」の思考である。もちろんお互いにパートナーのことを大事にすると思うが、何かを考える時の思考の中心は自分だろう。

しかし妊娠から出産にかけて、**母親の思考回路は基本的に「赤ちゃん中心」に変わっていく**。先程の家事の例で言えば、最優先は「赤ちゃんの世話」であり、家事は二の次なのである。赤ちゃんの世話に対応し、時間を割くために、家事を省エネにする。料理も美味しく食べられればよく、それ以上のこだわりは切り捨てていく。もちろん人によって、料理や掃除など、こだわりを持って取り組みたい家事もあるとは思うが、大勢として家事は省エネの方向になっていく。自分のケアについては更に優先順位が低くなる。

実際に母親の悩み・戸惑いとして「以前ならいいと思っていたことが、産後はダメになった」という声もヒアリングでは聞かれた。特に「産後に離婚」という決断をした母親に話を聞くと、多くの人が「昔だったら許せたことが、子どもができたら許せなくなった」と語ったのは興味深い。これは「自分中心」に考えていたら許せていたことでも、「赤ちゃん中心」に考えたら許せなくなったということである。子どもがいない間は、多少自分が嫌な思いをしても「まぁ他にもいい部分はあるよね」と少しは相手を許容することができる。しかし妊娠・出産後、中心が「子ども」に変わると、夫の行動・思考の一部が受け入れられなくなるのである。

これは男性と女性の最大の違いである「妊娠・出産」に由来するのではないか。母親は約40週の妊娠期間をかけて子どもと向き合い、考え続ける。初期は少しの出血やおりものの変化を気にして過ごし、中期以降はお腹も大きくなり、仰向けに寝るのも苦しいが、赤ちゃんのためを考えれば出産までは耐えるしかない。タバコもお酒も生ものも食べられない。**すべてが「赤ちゃんにとってどうか」で決まっていくのが妊娠という期間なのである。**この中で「赤ちゃん」の存在をリアルに感じ、最後に出産という劇的なイベントを伴って対面する。自分の体内に胎児がおり、一つ一つの行動・食事などが赤ちゃんに影響すると思えば、自分のことより赤ちゃんのことを優先せざるを得なくなる。この期間を経て出産するのだから、**育児がスタートした時には完全に「赤ちゃん中心の思考」に切り替わっている**のだ。

それに対して男性は、この「赤ちゃん中心」の思考を身につけるのが難しい。よく父親が「赤ちゃん」を実感するタイミングで挙げるのが、「生活の変化」だ。妊娠中に自らの身体の変化を感じられない父親は、出産し、赤ちゃんに初めて触れ、更に自分の生活空間に赤ちゃんが入ってくること、つまり「お世話」をすることでやっと「変化」を実感する。40週かけて変化してきた母親からすれば、あまりに遅いと感じるのも無理はない。

しかしそれでも父親が「赤ちゃん中心」の思考に切り替わるのは難しい。育児の担い手となり、ずっと一緒にいるなどであれば別だが、母親が主たる担い手である限り、なかなか赤ちゃん中心の思考になるのは時間がかかる。結果として、先程挙げた料理の話や、「何をや

って も怒られる」という話が出てくるのである。

完全に「赤ちゃん中心」の思考になっている母親と、なかなか「自分中心」から抜け出せない父親。根本的な思考の中心が違うのだから、あらゆることが噛み合わなくなっていくのは当然とも言える。**母親はまず「子どものためにはどうするか」を考え、それに対して父親が「自分（たち）のためにはどうか」で考えているなら**、いつまで経ってもすれ違いは続いてしまう。

この「赤ちゃん中心の思考」は、少し行き過ぎるといわゆる母親の「ガルガル期」と言われるものにもなっていく。赤ちゃんに対する責任感や、張り切ったことによる疲れ、ストレスは、母親にとっては大きな負担だ。その中で全然思考が噛み合わない夫や、周囲の人に対して、諦めではなくもはや敵対心を抱いてしまうのも無理はない。

●人間は「一人で育児ができる」ようにはできていない

なぜ「赤ちゃん中心の思考」になるのか。当然のことだが、それは**「赤ちゃんはコントロールできない」**からである。

ここで忘れないでいただきたいのは、**「ヒトの育児は非常に手間がかかる」**ということである。生物学的に考えれば人間の赤ちゃんは「あまりに未熟」であり、大人とはかけ離れている。胎生動物[*4]の多くは、産まれた瞬間から自力歩行し、そこまで時間をかけずにある程度の食物獲得能力を手に入れる。鹿の赤ちゃんが産まれてすぐ、なんとか踏ん張って立つというムービーを見たことのある方も多いのではないだろうか。

それに対し、人間の赤ちゃんは、立つこともできず、言葉は話せず、睡眠リズムは3時間程度と圧倒的に短い。固形物も食べられない。1人で立つのすら1年かかる。走るのには2年だ。動物界で走るのに2年もかけていたら、天敵に捕食されてしまう。これだけ時間をかけて赤ちゃんを養育するのは、人間をはじめとする霊長類の特徴だ。特に大声で泣くのは人間の赤ちゃんだけに見られる特徴だ。到底これらはコントロールできず、一人で世話をするには負担が大きすぎる。

この問題に、人間は「社会性」を持つことで育児負担を解決してきた。西暦で見ても2000年以上になる人間の歴史の中、日本でも「乳母」など共同養育の仕組みが存在する。高度経済成長期に至るまで、基本的に育児は夫婦のみならず、共同体で行うものであった。しかし高度経済成長期以降、この様相は一変する。人口が都会に集中するに伴い、「男性は労働に専念、女性は専業主婦として家庭を守る」という家庭スタイルが普及した。これによって生じた「核家族化」は共同養育には適さない環境であり、両親の育児負担が激増すると共に、「里帰り出産」や「保育園」という社会制度としての共同養育システムが構築された。

夫婦に育児負担が偏ると同時に「専業主婦」が普及して、しばらくは「女性が育児にフルコミットする」という時代が続いた。これが様々な問題を生んだことは後で触れるが、その後女性の社会進出が進むと、「育児の担い手不足」という状況が生じてしまう。この状況において保育園などは必ずしも完全な共同養育の代替とはならず、両親に重い育児負担が課せられたまま、更に仕事までをすることが求められるようになっていったのである。

しかし人間自身の成長過程はそう簡単に進化するわけではない。２０００年経った今でも赤ちゃんは一人では生きていけないし、非常に手間がかかる、未熟な存在だ。赤ちゃんの育児を一人で担うのは、たとえ育児にフルコミットしても厳しいのである。**社会は数十年で「夫婦に大きな育児負担」がかかるようになってしまった**のだが、赤ちゃんの生態は全く変わっていないのである。いきなり「２人で仕事をしながら育児をしてください」と言われても、すぐに適応なんてできない。

次章では、なぜこのような社会ができてしまったのか、その背景を、制度や数字・文化といった点からひもといていく。

［注］

1　周産期委員会報告、日本産婦人科学会誌74巻6号、692-714

2　柳奈津代ほか、保育園児の家庭における与薬環境向上のための包括指標による評価、ＪＳＰＳ科研費 21K13557

3　株式会社マクロミル、妊娠期・育児期のパートナーシップ実態把握調査レポート、2020/8

4　胎生動物：母親が体内で卵から子どもの形まで育ててから出産する動物。哺乳類の多くが該当する。逆は「卵生動物」であり、母親は卵を外に放出し、受精から孵化までが母親の体外で行われる。

第2章 男性の育休をめぐる「歪んだ社会」

男性の育休制度や育児環境には、さまざまな「歪み」が生じている。例えば育休制度は充実しているのに取得者が少なかったり、「男性の育児」が当たり前のものでなく、「素晴らしいもの」として過度に理想化されていたりする現実がある。総じて、「制度と期待値の高さ」と「社会文化や環境などの現状」がずれており、それゆえに追い込まれる父親も少なくない。

本章では「制度や数字」と「文化や意識」という両面から男性の育児・育休を見つめ直すことで、現代の男性が置かれている苦しい状況、そしてそこから生じているリアルな問題に迫っていこうと思う。

数字と制度で示す「男性の育児・育休」

●育休制度の変遷

育児自体は古くから存在するものの、「育児休業」という制度は日本ではまだ約50年の歴史しかない。

最初に育児休業が法的に定められたのは、１９７２年の「勤労婦人福祉法」である。その名の通り働く女性のために初めて制定された法律であり、この中に「必要に応じ、育児休業の実施その他の育児に関する便宜の供与」と明記されたのが、育児休業が明確に規定された最初の条文である。しかしあくまで企業の努力義務であり、その期間の金銭給付や補償制度は設けられておらず、女性の就業率も雇用者総数の約3分の1、うち半数が未婚[*1]であった時代、「子どもを育てながら働く」というのが一般的だったとは言い難い。

１９７５年には現在の育児休業制度の原型とも言える、**「女子教育職員等育児休業法」**が制定された。女子教育職員・看護婦・保母（※看護婦は２００２年に看護師に、保母は１９９９年に保育士に名称変更されている）のみを対象とした法律ではあったが、「1歳に達するまでの期間」「育児休業給として共済掛金相当額を支給」など、具体的な定めが設けられている。

１９８５年の国連女子差別撤廃条約の批准を受け、**勤労福祉婦人法は１９８６年に「男女雇用機会均等法」に名前を変えて改正**された。女性に対する差別的取扱いが禁止されると同時に、それまで「女性保護規定」として労働基準法に設けられていた「時間外労働の制限」

「深夜業務の禁止」が撤廃されるなど、法的に様々な面で男女平等が図られた。この男女雇用機会均等法で重要だったのが、「妊娠・出産・産休取得による解雇を禁止」したことである。募集や採用における差別の解消が「努力義務」とされる一方、これらが明確に「禁止」とされたのは大きく、「希望すれば女性は出産後も雇用継続される」というのが一般的になった。

男女雇用機会均等法の施行により母親の社会進出が一般的となり、育児休業の必要性は一気に増していった。しかし男女雇用機会均等法における育児休業の規定は勤労福祉婦人法のままであり、実情に追いつかなかったことから、**1992年に「育児休業法」が施行**された。女子教育職員等育児休業法を民間・公務員に拡大する形で成立し、規模などの条件はあったものの、広く育児休業が取れるようになったことは大きな変化であった。「女性の育児休業が一般化」したという意味では、育児休業制度における大きなターニングポイントと言える。

もう一つ、この「育児休業法」で変わったのが、「性別の要件がなくなった」ことである。つまりこれが法的に男性が育児休業を取得できるようになった最初のタイミングであり、**男性育休の始まりは1992年4月**と言える。

しかし当時の育児休業法は、休みを設けることが定められたものの賃金保証の規定はなく、

「育休を取ると、社会保障費の支払いなどで収入が減るどころかむしろマイナス」という状況であった。これに対し、１９９５年に雇用保険法を改正する形で**「育児休業給付」が創設**される。当時は給付率25％と低かったものの、社会保障料の支払いが免除されたことにより、「育休で赤字になる」という事態は避けやすくなった（余談だが、筆者は１９９３年生まれであり、まさに両親が「育休を取れる」ようになった時代であった。しかし父は企業勤めで育児にはあまり関与せず、母は出産を機に退職している。当時の社会では、まだまだ「寿退社」などが一般的であったと考えられる）。

この育児休業法が施行された背景に、１９８９年の「1・57ショック」がある。１９６６年にいわゆる「丙午《ひのえうま》」という出産を忌避する干支があり、当時2・0以上あった合計特殊出生率が1年だけ1・58に落ち込んだ。翌年以降は回復したが、１９８９年に再度、合計特殊出生率が同水準を割り込んだのだ。これは国民や政府に「少子化」という問題を強く刻み込み、以降様々な少子化対策が打たれていくこととなる。

実際に、この後、男女雇用機会均等法・育児休業法・雇用保険法などが何度も改正され、徐々に育児休業に関する法制度は充実していく。**１９９５年には育児休業制度がすべての事**

業所に義務化され、２００２年には休業のみならず、復職後の時間外労働の制限・深夜労働の制限・労働時間の短縮・看護休暇などが設けられた。その後も順次改正を重ね**２０１７年にはマタニティハラスメント・パタニティハラスメントの防止措置が企業に義務化**された。

また育児休業給付については、給付期間・給付率が順次拡大され、「25％で1歳まで」から、現在では「67％で6か月まで、50％で1歳6か月（一定の条件で2歳）まで」に拡大され、男性育休への促進策として「パパ・ママ育休プラス」などの制度も設けられていった。

男女雇用機会均等法についても、２００７年の改正で、それまで「女性に対する差別を禁止」していたのを、「両性に対する差別を禁止」と変更された。また妊娠・出産・産休取得による「解雇」のみが禁止されていたものから、「不利益取り扱いを禁止」とされ、これらによる男女双方の雇用待遇などが守られることとなった。

しかし、「男性育休」に対しては、１９９2年以来、２０１０年のパパ・ママ育休プラスによる2か月の育休延長を除き、２０２2年まで30年もの間、ほとんど変化がなかった。だからこそ、２０２2年の育児休業法の改正は大きな出来事なのである。

図1　育児休業の法改正の変遷

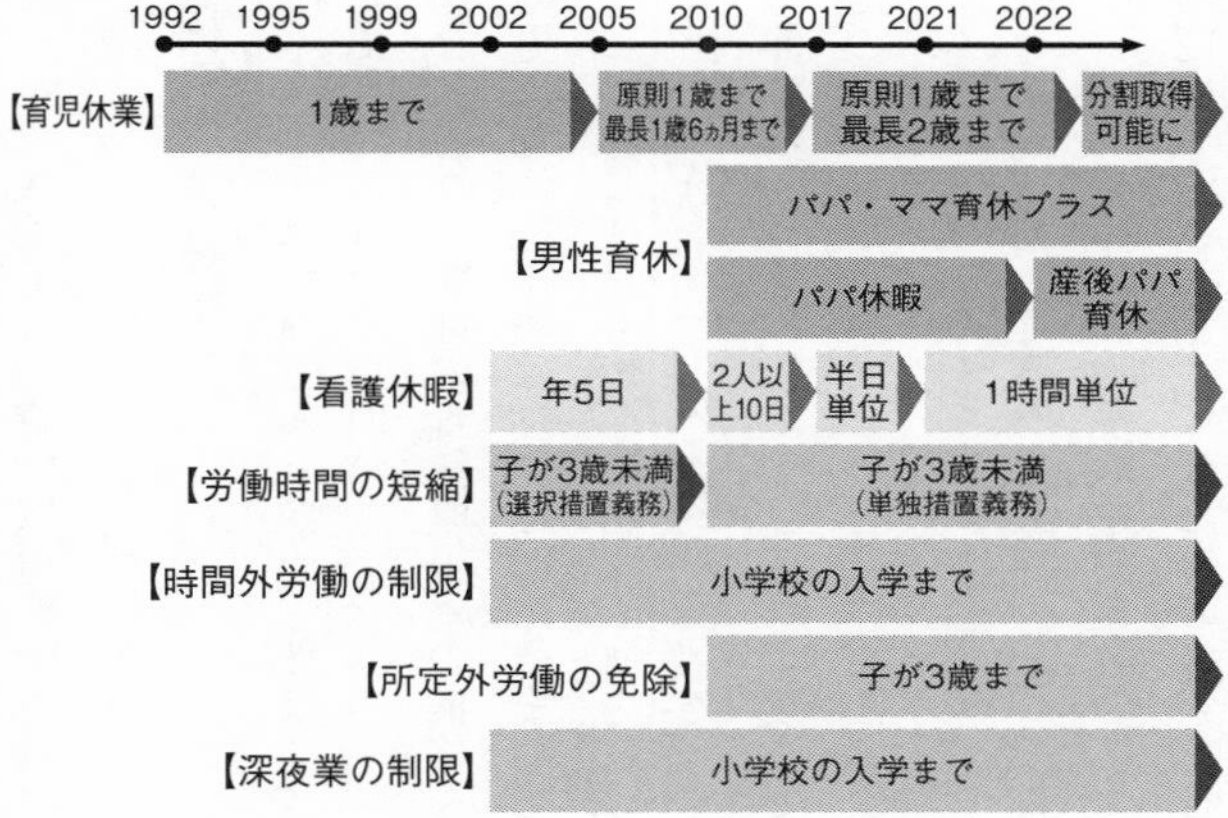

現在の育児休業制度をまとめると、図1のようになる。

実はこれらの育児休業制度は、**世界的に見ても非常に充実したもの**になっている。特に父親が、制度上12か月の育児休業を取れる国は世界的にも珍しく、実際にUNICEF（国連児童基金）の2021年の報告書[*2]では、先進国の育休・保育政策のランキングで、日本の育休制度（Leave）が1位と評価されている。しかし取得率が低いことが本文中で指摘されており、保育などへの（Access）が31位、保育職の状況（Quality）・育児関連費用（Affordability）も20位以下と低いことも課題とされ、全体の順位は21位に留まっている。

つまり**問題は、制度より「実態」にある**ということだ。次項では「育休取得率」を軸に、育休の実態について探っていく。

●育休取得率の推移

男性育休制度が始まって30年。しかし**2021年度の男性育休取得率は未だ13・97％と、**決して高いとは言えない。

図2に男性・女性の育休取得率の推移を示したが、最初にデータが確認できる1996年度の男性育休取得率は0・12％に留まっていた。その後2007年度は1・56％に上昇するが、この際に流行りだした言葉がまさに**「イクメン」**である。2010年には長妻昭厚生労働大臣（当時）の「イクメン・カジメンを流行らせたい」という発言もあり、翌年2・63％に急伸するが、その後は2016年度までは緩やかに上昇を続けた。トレンドが大きく変わったのは2017年度で、育児休業法の改正により、マタハラ・パタハラの防止措置の義務付けに加え、育休制度について企業の該当従業員に対する個別周知が義務付けられたという背景もあり、初めて5％を上回った。その後は働き方改革関連法案の施行、更には新型コロナウイルス流行による多様な働き方の広まりを受け、2019年度は7・48％、2020年度は12・65％と大きく伸びたものの、2021年度は13・97％と再びペースが緩やかになっ

図2　男性・女性の育児休業取得率の推移

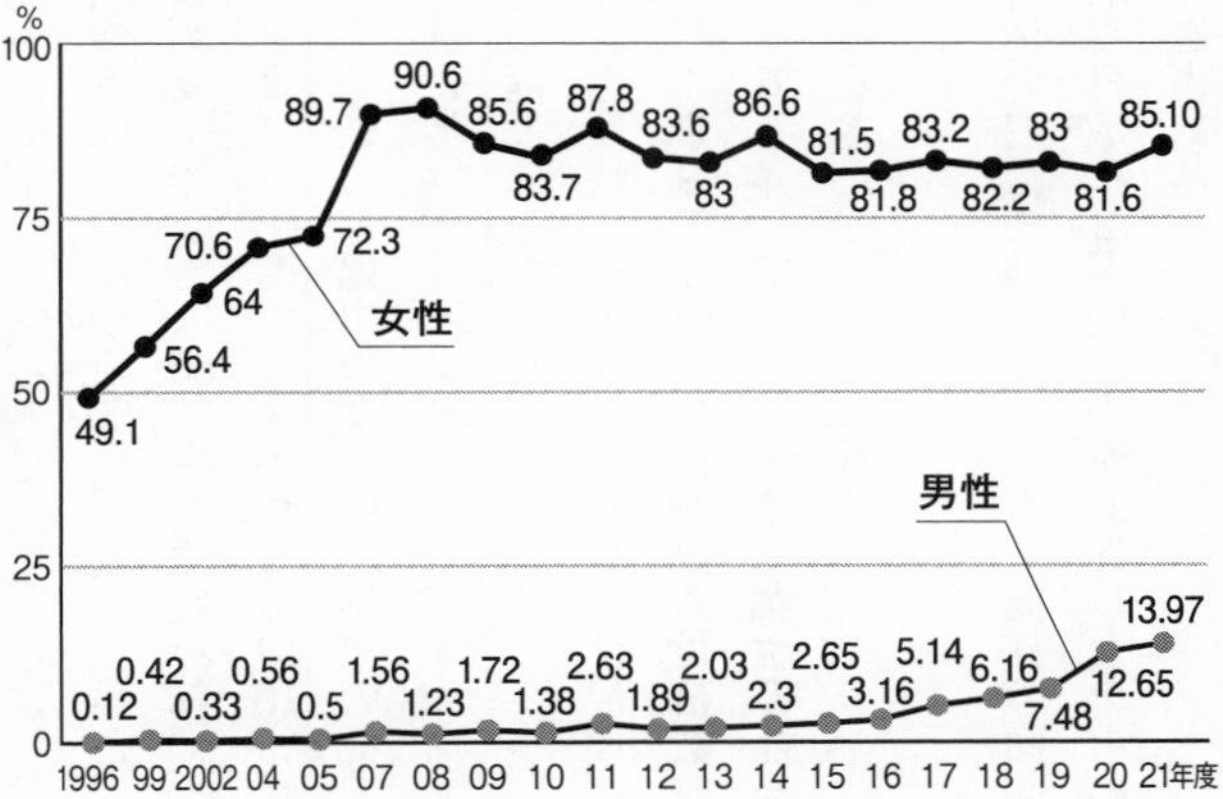

（「厚生労働省、令和3年度「雇用均等基本調査」より作成）

た。

しかし忘れてはならないのは、**この間の女性の育休取得率が遥かに高い水準で推移している**ことである。

１９９６年度時点で49・１％であった女性の育休取得率は、男性が１％未満で低迷している間に72・３％まで上昇し、以降80％台で推移している。

この状況は女性の就労率や共働き率と重ね合わせると理解しやすくなる。

総務省の労働力調査に基づき、男性育休が法制化された１９９２年度と、女性の育休取得率が90％となった２００８年度を比べてみると、女性就業率は、20〜24歳で70％以上から65％に低下し（主に大卒人口の増加による）、25〜29歳は60％程度から70％程度に上昇、30〜34歳も50％程度から60％程度に上昇と、子育て世代の就労率が10％近く伸びている。その反面35歳〜39歳では60％程度で変わらず、明らかに育児世代に特徴的な就業率の上昇と言える。２０２０年度では全年代で更に10％程度上昇しており、この傾向は続いていると言えるだろう。この育児中の女性の就業率の低下は「M字カーブ」と呼ばれるが、女性の育休取得率増加に伴い、徐々に軽減され、かつM字のへこみも高年齢に移りつつあるものの、今でも完全に消失はしていない。

これを反映するように、共働き世帯数と片働き世帯数が同程度になったのは１９９１年であり、**１９９７年頃からは共働き世帯数が上回る**ようになった。２０２０年には共働き率は68％まで上昇しており、総じて**女性の社会進出がこの時代に進み、それと共に育休取得率が上昇してきた**と考えられる。

育休の取得期間についても、同様の傾向は未だに顕在だ。２０２１年の時点で、男性の育休取得日数は２週間未満が50％以上を占める反面、女性は12か月以上が50％、６か月以上が95％を占める。

つまり、男性の育休取得者は「少ない」だけでなく期間も「短く」、そしてその分は女性が補っているのだ。**未だに「男性は仕事、女性は育児」という文化は続いている**と言わざるを得ない。

文化と意識から見る「男性の育児・育休」

育休の制度は世界トップクラスであるのに、取得率は低い、つまり未だに制度を活用できていない。この「矛盾」はなぜ生じているのだろうか。次は、数字ではなく「文化と意識」という面から男性育休を考えてみよう。

「男性が育児をしない」という文化は、いつ頃に生まれ、そしてなぜ今の日本において「男性の育児」が浸透していないのか。データや制度から事実関係は見えてくるが、理由については時代の流れを追っていくことで明らかになるものがある。

●家父長制から就労男性＋専業主婦へ

戦前は明治民法において**「家父長制」**が規定されており、父親は結婚を含めた家族の行為についての決定権（戸主権）を有していた。妻は夫の従属物としての側面があり、家長は家族のことについて、責任と権限を有していた。この中では子どもの行為に対する責任は、結婚の決定まで含め父親に存在し、育児の担い手というより責任者としての地位を有していたと考えられる。いわゆる「厳格な父親」のイメージであり、妻は**「良妻賢母」**として家庭の中での育児の実行者でもあった。

同時に戦前は「家業」という言葉に代表されるように、町工場や商店などで家長を代表に、一家総出で事業に従事した。子どもも労働力としての一面を持つと同時に、育児は手の空いた者が行うものであり、裕福な家庭では使用人も育児を担っていた。この制度下における**「父親＝家長」**は、家庭内教育や管理といった面で育児に関与しており、現代の育児とは大きく異なる様相であったと考えられる。

戦後、家父長制は廃止されたが、文化としての変化はもう少し後の高度経済成長期になる。高度経済成長期の特徴は「雇用労働制」の普及であり、職住分離が行われ、家業の中での「家長＝主人」と「家内＝嫁」の役割分担から、**「夫は外で仕事（＝有償労働）」「妻は家で家事・育児（＝無償労働）」という文化に変化**していく。これにより「専業主婦」という役割が一般的になり、かつ高度経済成長期における長時間労働も重なり、「育児は女性の仕事」という概念が定着した。父親の役割は「家庭の責任者」というより、「外で稼いでくること」に変化し、そのために母親が家事や育児を一手に引き受ける構図ができたことで、父親は育児から大きく引き離された。

１９７２年に高度経済成長期が終わりを迎える。この前後が第二次ベビーブームであり、その後１９８０年代後半からのバブル経済期を迎える。多くの夫婦が子育てを行ったこの時代に**「就業男性と専業主婦」という構図は固定化**され、多くの女性が家庭内での育児に従事した。実際に専業主婦数がピークを迎えたのは１９８０年であり、この時の共働き率は36％に留まる。

しかし同時に、女性の就労率も上昇していた。一見矛盾するように見えるが、１９７０年代に結婚数・婚姻率の低下が問題になり、まずこれによる独身女性の就労者数が増えたことで、１９８０年代の女性の就業率は増加していった。つまり育児に伴って仕事をやめる「寿退社」は健在であったが、それ以外の女性＝未婚女性と子育ての終わった女性が就労する環境になっていったのである。

１９９０年代に入るとバブル崩壊に伴い、男性の雇用情勢が不安定になったことで非正規雇用が増加していく。この多くを女性が担ったと考えられ、「就業男性＋専業主婦」から

「就業男性＋パート主婦」という組み合わせに変わり、育児中女性の就業も増加した。1986年の男女雇用機会均等法、1992年の育児休業法がこれを後押ししたのは言うまでもなく、この時代から女性の社会的地位の向上と共に、男性の育児に対する社会的要請が高まっていった。

●2000年近辺の「父親ネガキャン」

1999年の旧厚生省による「育児をしない男を、父とは呼ばない。」や、2003年の内閣府による「私は、育児なしの父でした。」というポスターにあるような、男性に対する「育児をしない」「できない」というネガティブな印象づくりは、まさに女性就業率が上昇する時代に生じたムーブメントである。

しかしこのような取り組みは、はたして効果があったのだろうか。むしろ「男も女も育児時間を！連絡会」による「親を家に帰さない会社を、企業市民とは呼ばない」「保育責任を果たさない国を、豊かな国とは呼ばない」といったアンサーポスターが出る始末で効果は乏しく、この間にも女性の就業率は上昇し、育児と仕事の両立のために育休を取得するようになっていく反面、男性は仕事に専念する状況が続いたままだった。つまり父親に対するネガティブキャンペーンは全く功を奏しておらず、その間、**「女性の育児負担」の問題は増大**し、**男性への育児参画の需要だけがますます高まっていった。**

このような中央行政の取り組みの裏に、少子化の問題があることは明らかだ。先程も触れたように、１９９２年の育児休業法が施行された背景には、１９８９年の「１・57ショック」がある。その後も微細な変動はありながらも出生率は低下傾向にあり、２００５年には最低値である１・26を記録した。

図3　1999年旧厚生省「育児をしない男を、父とは呼ばない。」ポスター

出典：厚生労働省ホームページ

●「イクメン」という言葉の悪しき変化

これらの流れの中で生じた、文化的な一つの転換点が、２０００年代後半の「イクメン」の流れだろう。

２００６年にファザーリング・ジャパンが創設され、２００７年頃から、女性誌や育児雑誌を中心に造語として

「イクメン」が出現した。前述のように、2010年に当時の長妻厚生労働大臣が「『イクメン』『カジメン』を流行らせたい」と発言したのを機に、同年6月に「イクメンプロジェクト」が発足し、12月には新語・流行語大賞に「イクメン」がノミネートされた。

　これらは男性の育児を、先述したようなネガティブなイメージから、ポジティブに捉える流れへの転換であり、**2011年度の男性育児休業取得率は2・63%と急伸**した。2012年度は1・89%に低下したが、以降緩やかに2016年まで増加を続けるなど、男性育休取得率の向上にも寄与し、「育児をする男性」が少しずつ市民権を得ていく。同時に行政も育児の両立支援に力を入れ始め、**2010年には「産後パパ・ママ育休プラス」が施行**され、自治体男性首長の育休取得も続いた。

　今では「イクメン」の認知度は9割を超えるとも言われ、男性が育児をすることは当たり前、という見方ができているが、2000年当時、男性が育児をするというと「そんなものは嫁さんに任せればいい」という発言が当たり前にされていたのが実情だ。管理職や祖父世代を当時の50~60代とすれば、1950~60年代生まれにあたり、まさに家父長制から勤労男性+専業主婦の構造で育てられ、自らもこの文化で育児をした世代である。このような発言が出てしまうのも無理はない。

ゆえにこの時代の「イクメン」たちは、上の世代の否定的感情が強い中で男性育児に市民権を得るため、相当な努力を要したと考えられる。男性育児をポジティブに捉えるためには、「男性の育児が良い・素晴らしい」という発信が必要であり、そのためにはむしろ**「母親と同等、ないしそれ以上に育児に良い影響をもたらせる」**、つまり**「性差を乗り越える」**ことを要求されたのではないだろうか。当然その裏には**仕事における犠牲や、キャリアの断念を伴った男性も少なくない**と考えられる。2007年の男女雇用機会均等法改正により、両性に対して妊娠や出産を理由とする不利益取り扱いは禁止されているため、表面上は男性が育児をすることでキャリアに影響があってはならない。しかし2020年以降であっても男性の育休取得における心配として、「昇進や昇給の不安」が多くのアンケート調査などで上位に出てくることは、この実態を表していると考えられる。


このことは女性の社会進出において、逆の問題が指摘できる。

「バリキャリ＝バリバリ働くキャリアウーマン」という言葉は当初から女性にしか用いられていない。男性がバリバリ働くことは当たり前であり、女性がバリバリ働くのは特殊だったのである。むしろ女性で収入を上げ、昇進しようと思えば、仕事での成果も出しつつ、化粧やお酌といった「女性らしさ」も同時に求められていた。２０１５年に発生した大手広告会社の女性新入社員の自死事件においても、長時間労働と同時に容姿などに言及したセクシャル・ハラスメントがあったことが指摘されているように、「女性らしさがあり、仕事もできる」ことで初めて会社で認められる、という状況だった。

つまり**女性が社会進出をする際には、「女性らしさや育児と仕事の成果を両立」させるか、「育児や結婚を捨てて、仕事の成果を実現」させるかに限られていた**のである。

これを男性にあてはめれば、社会から育児に進出するにあたり、「両立しつつ母親と同様かそれ以上の育児をする」ことが求められ、実現できないのであれば「仕事のキャリアを捨てて、育児を優先」することが求められた、と解釈できる。実際にこのような文化を反映する結果が、「イクメン」ブームから約10年後、２０１９年に行われた朝日新聞「父親のモヤモヤ」のアンケート[*3]に示されている。

このアンケートでは、「『イクメン』どう思う?」という質問に対して「嫌い」「どちらかといえば嫌い」が75%を占め、「好き」「どちらかといえば好き」と答えたのは10%を下回った。男性は「両立疲れ」や「特別視・アピール」に対する嫌悪感、女性は「育児は母親という固定観念」に対する嫌悪感などから来る、いわゆる**「イクメン嫌い」**が表面化した。特に自由記述に挙げられていた、『仕事に縛られざるを得ない自分からすれば、家庭に対する義務感が際立つ、非常に迷惑な言葉（30代男性）』という回答は、「キャリアと育児双方への過度な要求に対する男性の嫌悪感」そのものではないだろうか。

このアンケートで特筆すべきは、**「男性の育児だけが特別視されている」**ことへの違和感を多くの男性が訴えたことだ。つまり「イクメン」とは、「特別視された男性育児」と捉えられているのである。確かに「イクウーマン」はない。母親が育児をするのは当たり前とされるから、父親の育児を特別視するのはおかしい、という考え方の他にも、一定数「イクメンそのものが特別な男性」と見られている向きも否定できないのではないだろうか。

つまりこれが「仕事のキャリアを捨てて、育児を優先しても生活が成り立つ」、もしくは「育児を優先しても仕事のキャリアが実現できた」という「特別な男性」への嫌悪感であるとするならば、もはや「イクメン」は特権階級的な扱いを受けてしまっているのかもしれない。

本来「イクメン」は**「育児を楽しむ男性」**というスローガンであったはずだ。しかしいつしか**「育児や家事と仕事を両立でき、妻への気遣いもでき、稼げる男性」**になっていった感は否めない。

実際にイクメンという言葉を生み出した「イクメンクラブ」のホームページ*4にも、「イクメンとは、『育児を楽しめるカッコいい男』のことである。」と定義されている。本来は男性育児をポジティブに捉えるための言葉として作られているのは間違いない。しかし、「イクメン」という言葉は「育児を楽しむ男性」だけではなく、過剰な期待や押しつけを抱えてしまい、男女双方から嫌われる言葉になってしまったのだ。

イクメンという言葉が男性育児を普及させたことを「功」とするならば、育児をする男性に「過度の母親化」を求める言葉になってしまったことが「罪」と言えるのかもしれない。「バリキャリ」が女性に過度の男性社会への適応を求める言葉だったとすれば、「イクメン」は男性に過度に育児社会への適応を求める言葉になり、性差を乗り越えて育児に適応する、まさに**「母親化」した父親像を生み出してしまった**のである。

●次世代における「イクメン」の男性育児

「イクメン」という言葉は嫌われてしまったが、確実に日本の男性育児の文化はこの言葉で変わった。**就活層の95％は育休の取得を希望**し、78％は「男性育休に注力している企業を選びたい」と回答している。この割合はむしろ女性より男性のほうで高く、男性就活層の育休への関心の高さ・意欲は明らかだ。*5

もはや男性にとって育児・育休は「特別なこと」ではなくなっている。２０２２年度の就活層は、２０００年生まれが多くを占める。彼らが中高生の頃には「イクメン」という言葉が既に存在しており、２０２２年の育児休業法改正後の就職世代になる。今後、「イクメン」開始世代（２００７年以降）に生まれた層が社会に出ていくことになる。より男性の育児が普遍的になっていくのは、疑いの余地がない事実だ。

しかし未だに文化は追いついていない。

先程紹介した就活層への調査では、経営層への調査も同時に行われている。この層では育休取得希望は68％と低く、男性部長でも同様の結果だ。育児への参加意欲も73・５％と就活層に比べれば低く留まる。企業の経営や業務の中心を担う層・世代の文化は未だに**「プレ・イクメン」**のままなのである。

試しにベビー用品店に行ってみてほしい。マーケティングの対象は、多くが母親のままだ。まだまだ「育児は女性」という固定観念は強いし、その裏返しである「男性は仕事」という考えも健在だ。まさに「世代間格差」を象徴するような状況である。

「イクメン」にはもう一つ重要な流れがある。

2018年9月、厚労省「イクメンプロジェクト」の委員数名が**「敗北宣言」**を出した。*6 イクメンプロジェクトは男性育児の普及や推進を目的に2010年より始まったが、この中で夫の家事・育児参加時間が短いと第二子以降が誕生しにくくなるということが判明しており、男性の家事・育児参加の重要性が強く認識されていた。しかし、国の政策は「男性本人や上司個人への周知事業」のみに留まっており、企業に対する制度改正というアプローチはされていなかった。

先程のデータを見れば、子育て世代の男性自身の育児参画意欲はむしろ高い。つまり、**「参加したくてもできていない」**のである。明らかに長時間労働や企業の体制の問題があり、ここにアプローチしない限り、男性の育児参加は進まない。これをメッセージとして出したのが、先の「敗北宣言」だったのである。この宣言から男性育休を企業に課すべく、「男性の育休『義務化』を目指す議員連盟」などの流れができ、２０２２年の育児休業法改正につながっている。

●「日本の男性は（海外と比較して）家事・育児をしない」は本当か

なぜ日本では、男性の育児参加が進んでいないのか。もう少し深掘りすると、なぜイクメンプロジェクトによる「父親への啓発」はここまで成果を挙げられなかったのか。「夫の家事・育児参加時間が短いと、第二子以降が誕生しにくくなる」ということが明らかになりながら、なぜ育児参加時間を増やせないのか。

ここでは実際の父親の「時間」という観点から、現代の父親が置かれているもう１つの問題について触れていく。

男性の育児の議論では、よく**「日本の男性は家事・育児をしない」**ということが言われる。内閣府男女共同参画局による国際比較の調査結果[*7]では実際に、６歳未満の子どもを持つ父親

図4　6歳未満の子どもを持つ妻・夫の家事・育児関連時間の国際比較

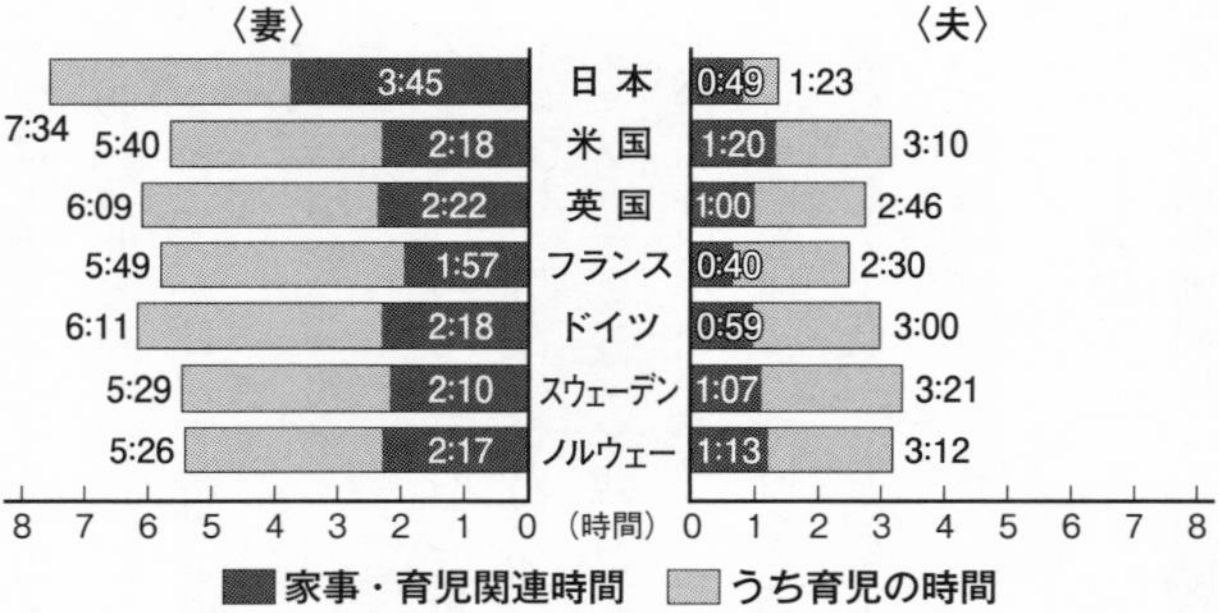

1. Eurostat “How Europeans Spend Their Time Everyday Life of Women and Men” (2004)、Bureau of Labor Statistics of the U.S. “American Time Use Survey” (2016) 及び総務省「社会生活基本調査」(2016年) より作成。
2. 日本の数値は、「夫婦と子供の世帯」に限定した妻・夫の1日当たりの「家事」、「介護・看護」、「育児」及び「買い物」の合計時間（週全体）である。

（＊7より引用）

の家事・育児時間が83分（2016年時点）と非常に短いことを指摘しており、先進国との比較でも圧倒的に短く、同時に母親の家事・育児関連時間が父親の5倍以上と長い。内閣府は2020年に父親の家事・育児関連時間を150分にするという目標を掲げたが、2021年の社会生活基本調査では114分と、未だ及んでいない。

　これに対し、父親の育児に関する研究を行う、国立成育医療研究センターの竹原健二氏は別の見方を提案している。*8

「仕事と、睡眠など生活に必要な時間

を除いた時間の中で、どれくらいの割合を家事と家族のケアに使っているか」という観点で見ると、**日本の父親は欧米と同程度か、より多くの時間を家事・育児に割いている**という。

ここでは単純化するために、父親の時間を「①仕事＋通勤（仕事関連時間）」、「②睡眠＋食事（生活時間）」、「③家事・家族のケア」「④自由時間」の4つに分類する。これまでの比較では、単純に「③家事・家族のケア」に割く時間の「量」が少ないことを問題視していた。実際に調査結果の時間は短いのだから、この意味では「日本の父親の家事・育児の時間が少ない」というのは事実である。

しかし、この議論にはそもそも、父親に「家事・家族のケアに割く時間があるのか」という観点が抜け落ちている。そこを竹原氏は指摘したのだ。

図5〜7は2016年時点のデータである。図5は先程の「③家事と家族のケア」のみで見た場合である。確かに日本の父親の家事・育児時間は欧米の2分の1から3分の1と、かなり少ない。

図6では、「①仕事と仕事中の移動」、「②睡眠＋食事（1次活動）」を抜いた時間、つまり「③家事と家族のケア」＋「④自由時間」のうち、どの程度の時間を「③家事と家族のケ

図5〜7 各国の男性の家事・育児関連時間の国際比較

〈図5〉定義①「家事と家族のケア」÷日本の「家事と家族のケア」

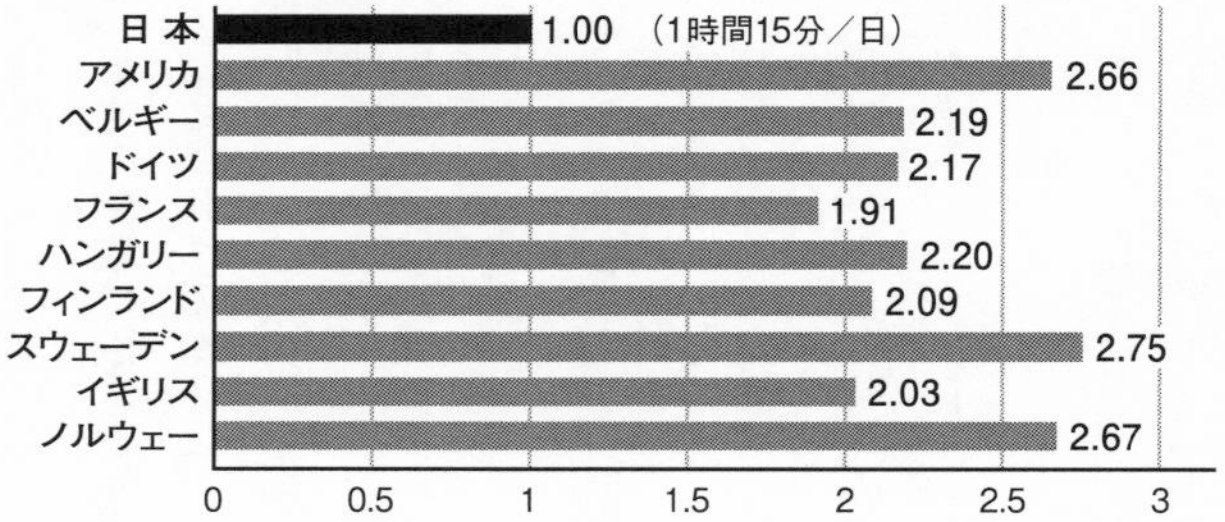

〈図6〉定義②「家事と家族のケア」÷「家事と家族のケア＋自由時間」

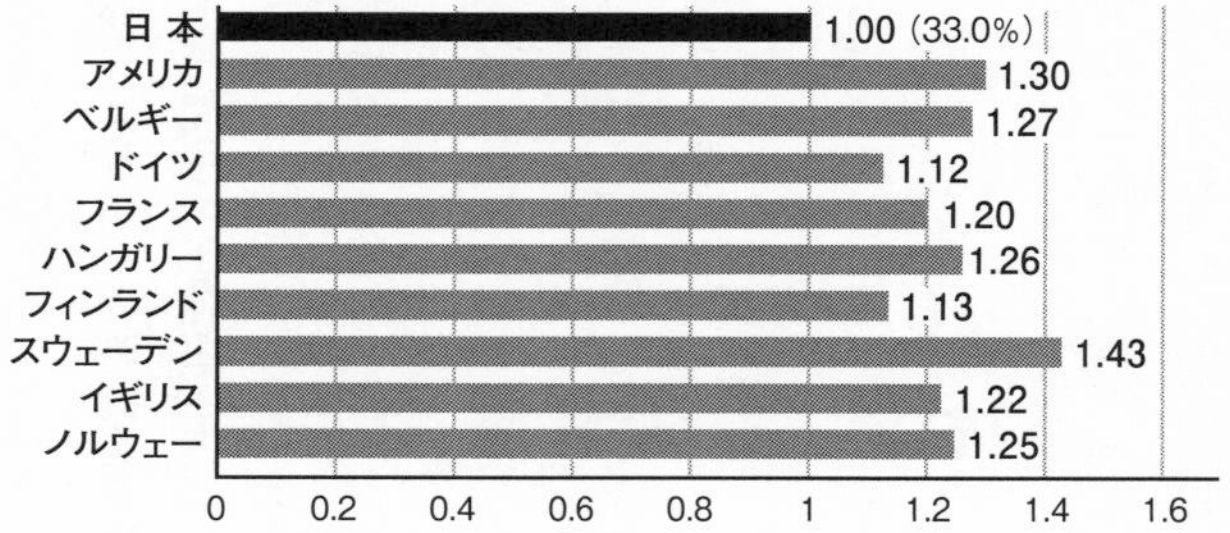

〈図7〉定義③「家事と家族のケア＋仕事と仕事中の移動」÷
「家事と家族のケア＋自由時間＋仕事と仕事中の移動」

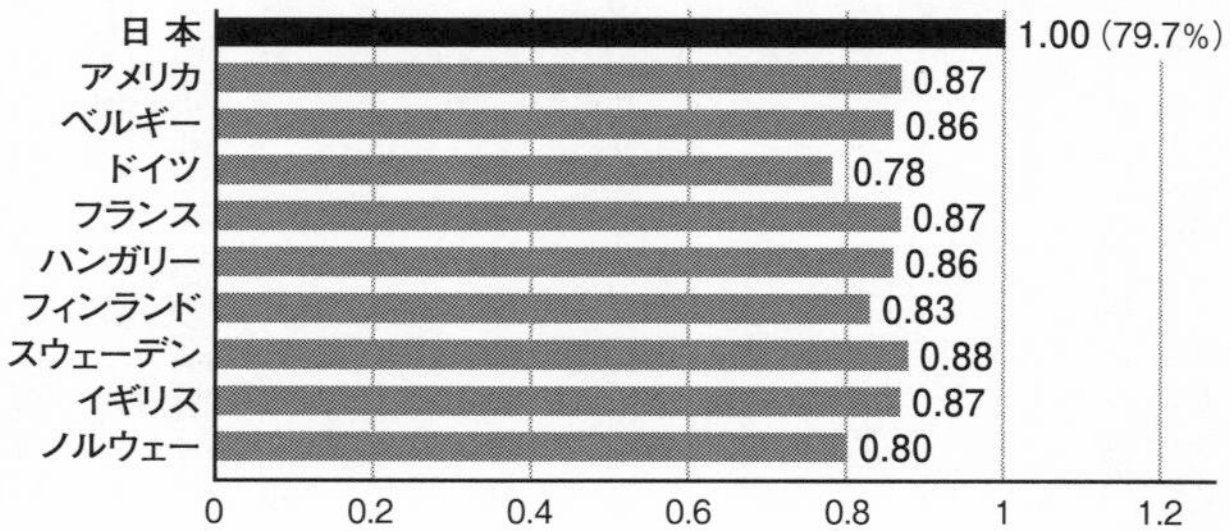

ア」に使っているかの割合である。平たく言えば、「仕事と生活以外の時間のどの程度を家事・育児に割いているか」ということだ。この時点で差は一気に縮み、諸外国の8割程度になる。

更に図7では、「②睡眠＋食事（1次活動）」のみを抜いた時間、つまり「①仕事と仕事中の移動」＋「③家事と家族のケア」＋「④自由時間」のうち、どの程度の時間を「③家事と家族のケア」に使っているかの割合である。平たく言えば、「寝たり食べたりしている時間以外のうち、どの程度を家事・育児に割いているか」ということだ。こうなると諸外国を上回り、1・2倍程度になる。

シンプルに結論を言えば、日本の父親は**「仕事関連時間が長いから、家事・育児の時間が削られている」**のである。むしろその悪条件の中で、家事・育児に奮闘している。根本的な原因は「仕事」なのだ。イクメンプロジェクトにおいても、**「企業が変わらなければ男性の育児は変わらない」**と結論付けられているが、まさにその通りである。

では実際に仕事時間をどの程度にすればいいのだろうか。竹原氏らは別の論文で、「父親が家事・育児に（政府目標である）150分の時間を確保するには、仕事関連時間（仕事＋通勤）を9・5時間未満にする必要がある」という研究成果を発表した。[9] 内訳としては、「②睡眠＋食事（1次活動）」が10時間、「④自由時間」が2時間であり、残りの12時間から家事・育児の150分を引くと9・5時間になる。

この論文では更に2016年の社会生活基本調査を基に、「未就学の子どもを持つ父親の残業時間」を調査しており、調査対象者の69％で仕事関連時間が10時間を超過、12時間を超える割合は36％であったと言及している。7割の父親が「家事・育児150分」は達成不可能であるどころか、3分の1は12時間を超えていた。通勤時間を考慮せずすべてを残業時間と仮定すればそれぞれ月40時間と月80時間になり、特に後者は過労死ラインレベルに達する。

実は育児休業法には、小学校就学前の子を養育する労働者が請求した場合、「1か月24時間、1年150時間」に時間外労働を制限しなければならないという規定が存在する。母親だけではなく父親も利用可能な制度だが、このデータを見れば活用されているとはとても言い難い。

実際に、日本人男性の通勤時間は長い。

2021年の社会生活基本調査によれば、日本人の平均通勤時間は往復で1時間19分。しかし地域により異なり、東京都・神奈川県・埼玉県・千葉県では1時間30分を超えるなど、都市部では通勤時間が長くなる傾向が見られる。先程の「仕事＋通勤で9・5時間以内」を考えれば、都市部では残業なしの8時間労働＋通勤でもこれに達してしまい、時間外労働をする余裕はないのである。つまり**男性が国の要求する水準で育児をしようと思えば、全く残業なしにするか、通勤時間を短縮するほかない**。

そして通勤時間の長さは、それだけでメンタルヘルス不調のリスクになることも指摘され始めている。ニッセイ基礎研究所の調査*10では、通勤時間が長くなるほど幸福度は低下することが示されている。

しかし近年の働き方改革と新型コロナウイルスの流行は、リモートワークの普及を劇的に後押しした。男性の育児において問題であった通勤時間がほぼゼロとなり、残業時間削減の流れもできている。父親世代の育児参画意欲も高い。育児休業の法律も改正され、「推進」の流れは出来上がっている。これで男性の育休の問題は解決されるだろうか。

筆者は、ここに一つ足りないものがあると考えている。

そう、冒頭で触れた**「育児の支援」**だ。

ここからは、「育児支援不足」がもたらした悲しい問題、**「産後うつ」**について触れていく。

育児と仕事と「産後うつ」

●女性の社会進出がもたらした、もう一つの問題

これまで「女性の社会進出」が抱える問題として、育児負荷が未だに女性に偏っていること、そして男性の育児進出も進んでいないことについて触れてきた。

問題は他にもある。特に産婦人科医として絶対に無視してはならないのが**「産後うつ」**だ。

実は、妊産婦の産後うつに関してデータがしっかり提示されるようになったのは、ここ数年のことである。２０１７年の流行語大賞で「ワンオペ育児」がノミネートされ、２０１８年に国立成育医療研究センターが「人口動態統計（死亡・出生・死産）から見る妊娠中・産後の死亡の現状[*11]」にて、**産後の母親の自殺が妊産婦死亡の３分の１を占め、死因の中で最多**であることを示した。

よく産後うつを「出産後のホルモンバランスの問題」と言う向きがあるが、決してそれだ

けが要因ではなく、むしろ他の要因に着目しなければならない。確かに出産後は胎盤で大量に産生されていたエストロゲン・プロゲスチンといったホルモンが急減し、それがメンタルヘルス不調の原因となる。これを**「マタニティブルー」**と呼び、出産後の女性の30〜50％が経験する。*12 これは産後数日から2週間以内の不安・いらいらなどの症状とされ、基本的には時間と共に軽快していく。実際に女性ホルモンのバランスは産後3〜4か月程度で元に戻ると考えられており、急減の影響自体はより短いと考えられている。

それに対し、産後うつはマタニティブルーと区別して扱われる。産後の症状が2週間以上軽快しない場合や、明らかに病的なメンタルヘルス不調を起こしている場合に診断され、産後女性の10％程度が経験する。マタニティブルーも産後うつ病の1つのリスクではあるが、他の危険因子として妊娠中のうつ病・以前のうつ病の既往歴、そしてストレスの多いライフイベントや、経済的な脆弱性、独身、望まない妊娠、妊娠中や出産後・新生児の病気、育児ストレスなどが指摘されている。つまり**「ホルモンの減少のみ」で産後うつを考えてはならず**、特に自殺に至るような問題はホルモンではなく、社会的な問題を考えなくてはならないのだ。

実際に、先程の国立成育医療研究センターの調査においても、母親の自殺はホルモンバランスが正常化するはずの4か月以降も続き、最多は9か月であった。育児休業給付金の支給割合が、6か月を境に67%から50%に減少することも無関係ではないだろう。

現時点で、女性の社会進出が産後うつを増加させたという明らかな証拠はない。2017年以前のデータがなく比較ができないため、今後の実証も難しい。しかし、2017年の「ワンオペ育児」と2018年の「産後うつ・自殺の社会問題化」が続いたのは決して偶然ではないはずだ。事実、共働き世帯の割合は年々増加しており、2000年頃まで50%程度で推移していた共働き率が、2018年には67%に達している。つまり「育児をしながら働く」女性が明らかに増えているのだ。

これらのデータからは、**「女性の社会進出→共働きの増加→『ワンオペ育児』→女性の産後うつ・自殺の問題」**という流れを考える必要があるのではないだろうか。

女性の社会進出は、確かに男女雇用機会均等法や女性の就業意識の変化によって進んだ。しかしポジティブな意味だけではなく、ネガティブな意味でも進んだ可能性が高い。「社会が必要としたために生じた、受動的な現象」も大いに寄与したのではないだろうか。

実際にいくつかのデータがこれを実証している。1980年代後半から特に子育て世代女性の就業率は上昇しているが、この時期はバブル崩壊と重なり、男性の雇用が不安定化した時期でもある。つまりこの時期に女性の就業が促進されたのは、男性の雇用状況や社会情勢によるものが大きい。**「男性は仕事、女性は家庭・育児」という性別分業体制・意識はあまり変化せず、女性のみが追加で有償労働市場へ進出した**ことで、家庭内のほとんどの無償労働も相変わらず女性が担う状況が続いてしまった。

またこの就業率の上昇も、パートタイム就業者の増加が大いに寄与している。1985年に22％であった女性雇用者中のパート労働者率は、1990年に27・8％、1995年に31・8％と急増した。この期間は女性正社員数も上昇していたが、それ以上にパートの増加が顕著であった。勘案すれば、子育て中の女性が収入を補うためにパートタイマーとして労働市場に参加したということだ。

実際に、男性が低収入だと女性が就労するという現実は、配偶者控除制度の利用者が高所得世帯で低くなるという事実（「ダグラス＝有沢の法則」）にも表れている。厚生労働省の勤労統計調査からは、パートタイム労働者の年収は長い間100万円超程度で不変であるものの、時給の伸びと共に月間労働時間が減少しており、配偶者控除を利用している世帯が現在に続くまで相当数いることがうかがえる。まさに「103万円の壁」という現象である。
このような労働市場の変化は、**「女性は専業主婦として家事・育児に専念」という時代から、「女性は働きながら家事・育児を行う」という変化**をもたらした反面、**男性には変化をもたらさなかった**のである。これが正社員にも波及すると、皮肉なことに充実した育休制度によりこの状況は更に後押しされた。つまり父母双方が正社員の家庭においても、育児休業制度を活用すれば**「父親は仕事、母親は育児・家事＋仕事」**という偏った家事分担体制での就業を維持できる、というパラドックスを生み出したのだ。

しかし当然のことながら、高度経済成長期に生じた性別分業を女性だけ変えれば、歪みは必ず生じる。例えば女性が長期間産休・育休を取得することにより、男性とのキャリアの差が生じれば、女性の昇進は阻まれる。これは管理職の男女比率の問題としても表れている。そして長期化した育児と仕事の両立、つまり「ワンオペ育児」に不安や絶望を感じた結果が「女性の産後うつ」ではないだろうか。

この産後うつ・自殺のデータは行政にも強い衝撃を与えた。その後、母子健康支援センターの拡充・産後2週間健診の健診費用助成・産後ケア事業の拡充など、女性の育児を支援する形で「女性の産後うつ対策」が進められた。今ではエジンバラ産後うつ問診表（EPDS）を用いた母親の産後うつのスクリーニングは一般的になり、特に産後早期のマタニティブルーが生じやすい時期に、メンタルヘルス不調のリスクが高い妊婦が掬《すく》い上げられるなど、状況は改善したと思われる。しかし「ワンオペ育児」や「男女の育休期間の差」などの問題は大きく変わっておらず、根本的な解決には至っていない。

●男性にも生じる「産後うつ」

「女性の社会進出」が進む中で、育児負荷が女性に偏っていることが産後うつの問題につながったのであれば、男性でも同じ問題が起きるのではないだろうか。つまり、**「男性の育児進出」が進む中で、仕事の負荷が変わらず男性に残っていれば、「育児と仕事の両立」は困難になり、男性も「産後うつ」を起こす**可能性がある。

確かに男性は出産を経験しないため、女性のマタニティブルーの一因であったホルモンの急減などは経験しない。育児に伴い男性ホルモンであるテストステロンの分泌量が変化する可能性は指摘されているものの、女性ほど大きな変化が生じているとは考えにくい。この意味で「パタニティブルー[*13]」というのは妥当ではない。

しかし男性に産後うつが存在することは、既に研究で示されている。

欧米では2005年頃から、父親のうつ（paternal depression）に関する研究が進み始めた。海外における2020年の最新の研究では、産後1年間の男性の産後うつの有病率は8・75％と示され、10％超の母親よりやや少ないものの、決して稀な現象ではない[*14]。日本でも、「国民生活基礎調査2016」を元に試算したところ、11％の父親が中等度以上の精神的不調のリスクがあり、この割合は母親と変わらないレベルであった[*15]。

リスク因子については、海外の研究・日本の研究ともに、表1のように示されている。先程紹介した母親の産後うつと、有病率・リスクともに大きな違いはないのである。そして更には**「お互いの産前・産後うつ」がリスク**であり、また周囲のサポート不足や夫婦関係の問題が含まれることも重要だ。本人の状況と社会的な問題が原因のほとんどを占めるという事は、言い換えれば産後うつはホルモンなどが関与した特殊なものではなく、**出産・育児**

に関係なく生じるうつと同様に考えるべきなのである。現代においては**「出産・育児」というイベントが、両親にそれだけ大きなストレスを与えている**ということだ。仕事などを契機に発症するうつ病も、本人のみの問題でなく周囲の支援などが重要であるのと同様に、育児でもその面に着目しなければならない。

表1　父親の産後うつのリスク因子

・パートナー（母親）の産前・産後うつ
・夫婦関係が不良・母子からの孤立感
・周囲のサポートが乏しい
・子どものいる生活の、理想と現実のギャップが大きい
・父子関係の構築がうまくできていない
・自身の就労状況・経済的不安
・精神疾患の既往歴
・高年齢

ここに、筆者は現在の**「男性育児の推進」に対する強い危機感**を抱いている。

確かに育児に関わることは素晴らしい。後述するが、父親が育児に関わることは父子・そして母親に好影響がある。しかし、そのポジティブな面だけにとらわれ、重要な問題が見過ごされてはいないだろうか。

妊娠・出産・育児は多くの喜び・経験を両親にもたらす。しかし先述したように、同時に多くのストレスも両親にもたらす。**特に1人目においては、あらゆる経験が**

初めてであり、両親は試行錯誤をしながら進めなくてはならない。しかも仕事と異なり、育児には公休も有給休暇もない。しかも新生児・乳児は誰かが常に面倒を見ていなくてはならない。当然、出産前と後で、同様に仕事をすること自体が難しいはずだ。

父親の育児参画も、「男性が自ら積極的に育児参画を希望した」だけでなく、「女性の産後うつ・ワンオペ育児に伴う社会的要請」があったからこそ進んだ面もあるのだ。その結果、育休後にフルタイム＋残業ありで復職する事例は当たり前に見られる。本当に育児参画をすべきと思って進んだというより、社会の要請に対して「育休」という箱を用意しただけではないか。真に育児参画できるように、制度設計されていると言えるだろうか。

実際、２０１６年は出生数が約98万人と、記録の残る１８９９年以来初めて１００万人を下回った年でもある。育児休業法の改正があった２０２２年の出生数は5％近く減少し、想定より早いペースで80万人を割り込んだ。既に産む側である母親・父親の世代の人口減少が始まっていることから、今後の日本の少子化の流れは依然厳しいものと言わざるを得ないが、「男性の育休」が「少子化の打出の小槌」として過度に期待されているように感じる。

男性の育児参画の推進は、確かに少子化対策に寄与しうる。しかしこの男性育休の推進は、女性の産後うつや少子化を背景とした受動的なものであると考える。**「推進」だけが先行して「支援」が抜け落ちているのであれば、これほど危険なものはない。**女性の社会参画を推進する裏で、育児と仕事の両立に対する支援が不十分であったように、男性の育児参画を推進する裏で、仕事と育児の両立に対する支援が不十分であれば、男性も女性の二の舞いを踏んで、「産後うつの増加」という問題を起こしかねない。もしかしたら既にその兆候は現れているかもしれない。

真に進めるべきことは、**「父親も、母親も、双方が育児と仕事を両立できる体制」作り**であり、そのためには社会的支援が欠かせない。働いている2人だけで育児をすることは到底不可能なのである。

だからこそ、**「育児をする人すべてに〝支援〟が必要」であり、「支援なき推進」は非常に危険**なのである。

次の章では、実際に父親がうつになる原因を、「三重苦」という形で整理し、その事例を紹介する。

［注］

1　労働省婦人少年局、リーフレット「勤労福祉婦人法のあらまし」、１９７２年８月

2　UNICEF, “Where do rich countries stand on childcare?”, 2021/6.

3　AERA dot.「イクメン「嫌い」が７割超　衝撃的結果の背景から見えた〝違和感〟の正体」 https://dot.asahi.com/dot/2020101600067.html 2022/10/19

4　イクメンクラブ、〝イクメンクラブについて〟 http://www.ikumenclub.com/3kajyou/ 2022/12/30 閲覧

5　積水ハウス、「男性育休白書２０２１ 特別編」、2021

6　小室淑恵、天野妙、『男性の育休』、ＰＨＰ新書、2020/9/15

7　内閣府男女共同参画局、「仕事と生活の調和（ワーク・ライフ・バランス）レポート２０１７」、共同参画、平成30年5月号、2-5

8　竹原健二、「子育てにおける父親の役割と父親の産後うつについて」、2021/7/24

9　大塚美耶子、竹原健二ほか「末子が未就学児の子どもを持つ父親の労働日における生活時間」、厚生の指標、68; 15, 2021/12, 24-30

10　岩﨑敬子、「通勤時間と幸福度の関係――リモートワークの拡大で幸福度は高まるか？」、ニッセイ基礎研究所、2020/10/8

11 国立成育医療研究センター、〝人口動態統計（死亡・出生・死産）から見る妊娠中・産後の死亡の現状〟 https://www.ncchd.go.jp/press/2018/maternal-deaths.html 2022/12/31閲覧

12 日本産婦人科医会、〝マタニティブルーズについて教えてください〟 https://www.jaog.or.jp/qa/confinement/jyosei200226/ 2022/12/31閲覧

13 パタニティ：英語の「母性」＝“maternity”と「父性」＝“paternity”を掛けて、妊婦を指す「マタニティ」などの「マ」を「パ」に変えることで、父親の～という意味に転じた用語の一つ。

14 Wen-wang Rao, et al, Prevalence of prenatal and postpartum depression in fathers: A comprehensive meta-analysis of observational surveys. *Journal of Affective Disorders*, Volume 263, 15 February 2020, 491-499.

15 Kenji Takehara, et al, Parental psychological distress in the postnatal period in Japan: a population-based analysis of a national cross-sectional survey. *Scientific Reports*, 2020; 10; 13770.

第3章　父親を苦しめる「三重苦」

第1章では父親が育児に関して感じている「つらさ」、第2章ではそのつらさの原因となる「社会構造」や「文化」について触れてきた。そして最後に「産後うつ」を通じ、現代の父親が置かれている状態について、問題提起した。

第3章では、これらの「意見」や「事実関係」を整理し、「なぜ父親は困っているのか」を考察しつつ、「産後うつ」の事例を紹介する。

この考察・事例を元に、第4章では社会がどうすべきか、第5章では父親個人がどうすべきかについて触れていくので、その前提としてぜひこの章を読んでほしい。

父親の「三重苦」＝知識なし、経験なし、支援なし

筆者は現代の父親を苦しめる要因を、**「知識なし、経験なし、支援なし」**の**「三重苦」**と表現している。

これがどれだけ苦しいか、シンプルに仕事に置き換えて考えてみてほしい。

まずはじめに、例えとして「あなたは転職したばかり」としよう。これまでとは全然違う

業種の仕事であり、用語から何から新しいことばかりだ。出社初日、オリエンテーションとして渡された資料も、言葉がなかなか分からない。しかもフルリモートの会社であり、つきっきりで教えてくれる先輩もいない。「何かあったら聞いて」とメンターは言うが、そのメンターはオフラインで話したこともないし、忙しくて空き時間もつかまらない。初日からいきなり実際の仕事が始まった。

この状態でまともに仕事ができる方は、そう多くないだろう。つまりＯＪＴ（on the job training）もないまま、すぐに仕事をしろというわけだ。

大方の父親の育児はこの状態である。妊娠や出産、育児の知識は学校でも家庭でも教えられてこなかった。子どもに触れたこともない父親も少なくない。何かあったら頼れる人は、いても母親と両親くらい。両親が遠ければ、相談相手もいない。これが「知識なし、経験なし、支援なし」ということだ。

ではこれまで長い間、なぜこの状態で父親の育児は成立していたのか？

理由はシンプルだ。高度経済成長期以降は母親が育児の主な担い手であり、父親は困ったら母親に頼ればなんとかなっていた。父親の育児が単独で成立しなくても、問題にならなかったのである。もちろん、困っていた父親がいなかったわけではないだろうがごく少数で、社会問題になるほどではなく、個人の問題として片付けられていた。

しかし、**女性の社会進出が進み、男性も育児参画するようになると、男性は「一人で育児」をしなければならないタイミングも増えてくる。**共働き率の増加や育児休業法の改正がこの状況を加速させ、今「社会問題」になろうとしているのだ。

●母親には「母性」が備わっている？

よく考えれば、育児経験が初めてで、教育を受けていないのは母親も同じだったはずだ。近年は多くの母親が、父親の手を借りずに育児をしている。なぜだろうか。

以前、これを「**母性**」と言って日本は結論付けていた。ホルモンの影響か、脳の仕組みかは分からないが、女性には〝先天的に〟母性が備わっており、妊娠し、赤ちゃんを抱けば、とにかく育児は自然にできるようになる。それが〝ヒトのメス〟に備わった本能なのであり、〝ヒトのオス〟にはそのような本能が存在しないという考え方だ。

きっぱり言っておくが、このような意味での「母性」は「神話」でしかない。

ただし、「母性は存在しない」というのは言い過ぎだ。産後のホルモン急減が不安を引き起こすのをマタニティブルーというが、これは見方によっては、「不安から共同体を頼り、孤立を避けて育児負担を軽減する」ための動きとも言える。このような意味で、「妊娠・出産に伴う身体や思考の変化」は確かに生じている。女性は、産前・産後では身体的にも精神的にも同一ではなく、その変化の大部分は妊娠から育児への適応のためと考えられる。動物における育児でも同じことは言え、それぞれの種の育児システムに適した、本能的行動がある。

しかし人間は「記憶」と「言語」を操ることで、後天的な学習の要素を飛躍的に進化させた生物だ。育児においてもこれは同様であり、様々な環境で育児をできるように適応した。有史2000年の中でも育児環境は大きく変わり、死亡率も引き下げられ、医療システムや保育・教育システムを進化させた。これだけ人間は人為的に育児の環境を作ってきているのに、「女性の育児」だけは「母性＝本能」と捉えるのはあまりに非科学的な話と言わざるを得ない。

実際に育児を行うことで、**母親も後天的に「学習」する**。最も分かりやすいのが授乳だ。特に初産の場合、赤ちゃんも母親も授乳は初めての経験である。抱っこの仕方、口への含ませ方など、上手くいかない母親と赤ちゃんも少なくない（ぜひ「ラッチオン」でウェブ検索してみてほしい）。最も基本的なことであるはずの、「食事・栄養」すら学習しないといけないのだ。赤ちゃんはまさに「本能的」におっぱいを吸う（新生児は色を認識できないため、「見て吸う」という行為はできず、口周りの触覚や嗅覚で反射的に吸うと考えられている）が、吸わせる母親のほうは学習し、試行錯誤するのである。

このような知識や経験は、これまで「暗黙知」として処理されてきた。この授乳手技で言えば、多くの母親が出産後、病院や助産院での入院中に助産師からコツを学んだりしていた。昔であれば産婆や育児経験者（祖母や親族）がこの役割を担っていた。更に一昔前の話をすれば、「乳母」がいた。新米の母親ではなく経験者に母乳育児を担わせる共同体システムとして存在していたと言える。「妊娠したら授乳手技も自然に上手くできる」なんてことは、今も昔もありえない。

父親もこれは同じだ。

実は生物学的には、父親の「本能」も変化することが示されている。妊娠中から産後にかけて、父親のテストステロン（男性ホルモン）が減少し、コルチゾールやプロラクチンなどのホルモンが上昇するなどの変化が生じることが分かっている。もちろん女性ほどのダイナミックな変化ではないが、性ホルモンであるテストステロンが変化するというのは、まさに育児に適した生物的変化と言えるだろう。

しかし、母親と同様に、結局その後の育児や社会適応については、「学習」が重要だ。この点については**母親も父親も変わらず、初めて赤ちゃんと向き合い、試行錯誤し、学習しながら育児をしていく**。


ところがこの点で現代社会は、母親と父親に大きな差を与えてしまっている。**父親は既に数十年もの間、妊娠・出産・育児から引き離されている**からだ。そしてそれが「知識なし、経験なし、支援なし」の「三重苦」を生み出している。また母性神話は「三歳児神話」や「お腹を痛めるのが大事」など、様々な形であらゆる育児情報に深く入り込んでいる。人間や動物での様々な研究で明らかに否定されているのだが、無意識に受け取り、信じてしまうことも多い。「母性神話」も「男性育児向いていない神話」も、社会から取り去っていかなければならないのだ。

ここからは具体的に、「男性が育児」をするために何が足りないのかを見ていこう。

「知識なし」＝性教育の遅れ

この話の最初に「知識なし」を挙げるのは、やはり筆者が産婦人科医だからかもしれない。現場で妊婦やその夫と接してきて、**あまりにも日本人は「妊娠・出産」について知らなすぎる**と感じている。これは別に男性に限った話ではない。女性も知らなすぎる。

これは悲しいことに、データでも裏付けられてしまっている。少し古いが、日本人の妊娠に関する知識は男女ともに先進国では最低というレポートがある。[*1] この論文自体の情報収集の仕方などには課題があると指摘されているが、それでも日本であまりにもこの分野の教育が疎かにされてきたのは事実だ。筆者自身も多数のヒアリングにおいて、男性に「赤ちゃんは、通常何週から何週で産まれるか」という質問をしているが、正答率は10％以下だった

（正解は37週0日～42週0日）。かなり基本的なことだが、思いの外答えられないことに正直驚いた。

●性教育の遅れが男女にもたらしたもの

まずは「性教育の遅れ」という観点から、現状とその問題点を整理していく。

日本には「歯止め規定」と呼ばれる、義務教育において性交渉や妊娠経過について扱わないとする規定が存在する。実際に、平成29・30・31年改訂学習指導要領においては、小学校5年生の理科で「受精に至る過程は取り扱わない」、中学校1年生の保健体育で「妊娠や出産が可能となるような成熟が始まるという観点から、受精・妊娠を取り扱うものとし、妊娠の経過は取り扱わない」と明記されており、つまり「性交渉」「妊娠経過」について扱わない。

この「妊娠の経過は取り扱わない」の一文が追加されたのは、約25年前の1998年と言われている。現在の親世代である当時の小中学生は、この教育制度の下で学んだのである。今でこそ、高校で妊娠・出産や避妊・人工妊娠中絶について学び、DVなどについては中学校でも学ぶように改訂されているが、**日本で最も「妊娠・出産について教わっていない」**のは、**まさに今の親世代**ということになる。

この影響は特に妊娠・出産を迎えるにあたり無視できない。

以下で紹介するものはすべて、筆者が産婦人科医や産業医として見聞きしたり、知り合いの相談を受けたりしてきた事例だ。

- 「妊娠や出産を考えたら、そろそろ結婚相手を探そうと思って。さすがに相手を40代前半で探したほうがいいかな」という40代後半男性。特に女性で40代の妊娠はかなり厳しく、現場では急いで体外受精などの不妊治療に移るレベルだ。
- 「タイミングとか見て性交渉しているのですが、全然妊娠しません。何か妻の身体に問題あるんですかね」という30代後半男性。不妊の原因は男性にもある場合が約半分を占め、男性の年齢上昇も無視できない。
- 「予定日まで1か月あるのに、親の都合でもう産んでしまうなんて、何かあったらどうするんですか!」という、妊娠35週で緊急帝王切開になった妊婦の夫。35週は確かに早産だが、ほとんどの赤ちゃんが通常に発育する。それより妊娠高血圧症候群であり母体のリスクが高いための帝王切開だった。しかし「妊娠の合併症で母体が亡くなる」可能性があることは知らなかったという。

・「育児がこんなに大変だとは知りませんでした……」という、産後うつになった父親。初めての育児に、ポジティブな面しか想像しておらず、その大変さやリスクについて知らなかったため、自身を追い込んでしまっていた。

その他にも、知識不足から子どもを危険に晒してしまうなど、この手の事例には事欠かない。

（敢えてこの言葉を使うが）これらの発言はすべていわゆる「有名大卒の高学歴」の方々から出てきた話だ。少なくとも義務教育を十分にクリアし、一定の情報リテラシーを持っていると考えられる人々ですら、このレベルである。どれだけ**日本人が妊娠・出産や育児について、乏しく、誤った知識を持っている**かがご理解いただけただろうか。

この問題は別に男性だけの問題ではない。多少の違いはあれ、女性も同様の教育制度で育っている。実際に避妊・中絶、月経関連の問題や低用量ピル、子宮頸がんなど、女性に対して適切な「女性の身体についての教育」が行われていない結果、生じている問題は山積している。この問題は現在、「女性の健康経営」という文脈で企業でもよく問題になっており、男性も知る必要性がある。

しかし話を「妊娠・出産・育児」に絞ると、**男性のほうが問題は深刻**だ。これには学校教育の後の問題が大きく関わる。つまり女性は実際に妊娠や出産・育児を迎えるにあたり、再度教育を受けたり、知識を得たりする機会が（不十分とはいえ）あるが、男性はこのような機会が乏しいのである。

●「父親教室」はないのに「両親教室」はある

義務教育・学校教育の問題について触れたので、次は妊娠してからの教育システムについて考えていく。

妊娠すると、女性は妊娠届を持って役所に行く。これにより「母子手帳」を受け取る。母子手帳には「妊婦健診チケット」がついており、数週間に1回、妊婦は産科に通い、産婦人科医や助産師の診察を受ける。時には助産師や栄養士・心理士などとしっかり時間をとって、相談したり栄養指導や教育を受けたりする機会もある。また妊娠期間中には集団での「母親教室」もある。ここで出産の基本や授乳・沐浴、おむつ替えなどを助産師から学ぶ。出産後の入院期間にも助産師から授乳や沐浴について実技指導を受けることができる。更には退院後も、2週間健診や1か月健診で産婦人科医や助産師に相談し、メンタルケアや身体のケアを受ける機会が用意されている。

実は日本のこの支援システムは、世界的にもかなり手厚い。産婦人科医や助産師は妊娠・出産に関わる専門職であり、これらを中心に小児科医・保健師・栄養士なども含め、専門職が妊婦を支える仕組みができているのである。まさに「女性が母親になる過程」をサポートするのが、我々産婦人科医や助産師なのだ。[*2]

さて、男性はどうだろうか。確かに母子手帳の中身を読むことはできる。妊婦健診に同伴して話を聞くこともできる。母親教室ではなく「両親教室」として開催している自治体・病院も多く、教育を受けることもできる。産後の健診も同伴しても良い。

しかし**すべて「サブ」扱い**なのだ。正直に言うが、産婦人科医や助産師はあくまで「女性の身体・妊娠・出産」の専門家だ。父親は専門外とは言わなくても、メインのケア対象ではない。妊娠・出産を実際にするのは女性であり、それに伴う困りごと、ケアすべき対象も当然、妊婦である女性なのだ。

「女性→母親」の支援は重要な仕事だが、「男性→父親」を支援するのは本業ではない。

唯一父親にも向けて提供されているのが**「両親教室」**だろう。以前に比べて両親教室の開催数は増えており、特に新型コロナウイルスの流行でリモート教室も増えたことにより、これまで以上に父親が参加しやすくなっている。しかし、その大多数は「両親への教室」であり、**「父親教室」として父親に特化した教育が実施されている例は非常に少ない**（筆者は社団法人でこのような問題解決に実際に取り組んでいる）。

その結果、「両親教室」の実態は、「母親向けの教室に、父親も参加できる」というものになっている。あくまで**メインの顧客は母親であり、父親は「サブ」**なのだ。もちろんサブであっても、ないよりはあるほうが良い。しかし参加した父親の正直な感想は、「母親向けに話しており、肩身が狭いと感じた」「非難されているような感じだった」といったものになってしまっており、継続して参加したり、後輩パパに勧めたりしにくいのが現状だ。

形式の問題も重要だが、内容についてはもっと大きな課題がある。母親教室は「妊婦が40

週にわたるフォローを専門職から受けている」という前提で成り立っている。普段から産婦人科医や助産師によるサポートを受けた上で「集中的に知識や技能を学ぶ場所」として位置づけられており、教室単体で成り立っているものではない。

一方、いきなり両親教室に参加した父親は、**妊娠の仕組みや基本などについては教えられないまま、「抱っこのしかた」「沐浴のしかた」「おむつ替えのしかた」を教えられ、最後に「妊婦体験」をする**のである。もちろんこれらが不要とは言わないし、すぐに使える大事なスキルだ。しかし基礎が抜けているから、結局産後には忘れていて、また母親から on the job で教えてもらうことになる。

このような形式ゆえに、母親が自分で調べたり相談したりする知識、例えば妊娠中の様々な悩みや合併症、リスクについては十分に学ぶことができない。結果として、妊娠中に父親の必要性が一番高いはずの**「緊急時」に対応できる知識・スキルは身についていない**のだ。

そして何より、これらの手技は育児全体のほんの一部の「切り取り」であり、一番知るべきである**「育児の大変さ」を学ぶことはできていない**。結果として、母親の育児の大変さを理解できないで母親を追い込んでしまったり、逆に甘い見積もりで父親自身が育児に参加し、キャパオーバーになって追い込まれたりしているのだ。

この妊娠40週の間の教育・支援機会の違いは、母親と父親に大きな「認識の差」を生んでしまっている。

第1章で「赤ちゃん中心か、自分中心かの違い」として触れたが、妊娠中に自分の身体の変化をもって赤ちゃんの存在を感じる母親と、実際に目にするまで赤ちゃんを感じにくい父親では、その「意識の深さ」にどうしても差が生じてしまう。

母親は妊娠中に様々な症状に苦しめられ、同時に赤ちゃんの存在を感じる。お腹は重く、脚はむくみ、便秘になり、痔にもなりやすい。胎動を感じ、エコーでその姿を見て、感覚はリアルになっていく。自分の身体の困りごとであるから、調べたことを理解しやすい。妊娠にまつわる症状について詳しくなるし、出産に向けて痛みなどの不安も増えていく。食事や行動にも気を遣う。「リアルな原体験」があるからこそ、多くのことを調べ、学び、分からないことや不安なことは定期的に専門家である産婦人科医や助産師に聞ける。

父親には、この実感もなければ、専門家に聞ける機会もない。十分でない「両親教室」で学び、基礎知識もない状態でなんとか調べ、頼れる専門職も知らないまま育児に突入していくのだ。

義務教育から産前・産後の教育に至るまで、男性・父親の学ぶ機会は非常に乏しい。受動的に学べる場所が乏しい以上、父親は能動的に学ぶしかない。しかしその環境は、十分とは言えず、父親を困惑させている。

●女性目線で語られ、男性が欲しい情報は少ない

今の時代、能動的に学ぼうとする父親は増えている。しかし両親教室と同様に、日本における妊娠・出産・育児情報のほとんどは女性向けに提供されている。育児関連商品のマーケティング対象は未だにほとんどが女性だ（試しに「育児　マーケティング」で検索してみてほしい）。

これは根深い構造的な原因がある。そもそも、**「妊娠・出産・育児の基本的情報」を発信できる専門家が、助産師を中心とした女性ばかり**なのだ。男性でこれらの情報を的確に発信できるのは、産婦人科医と小児科医、数は少ないが保育士くらいだろう。*3

それ以外の男性の多くは、先述したように妊娠・出産・育児について系統的に学ぶ機会がないため、情報収集には限界がある。

「イクメン」の流れから、男性育児経験者による育児発信はかなり増えた。それ自体は素晴らしいことであるが、まだ十分とは言えないし、企業のマーケティングや企画に携わる男性は多くない。父親向けとして提供されている情報も、調べると女性が提供していることが多い。

確かに女性の発信でも、男性に的確に情報が届けば良いという意見もある。しかし**「どちらかの発信に偏っている」のが問題**であるのは明らかだ。構成員に女性がいない状態で女性活躍について議論したり、政治や経営に女性が不在のまま多様性を欠いた方針が取られたりしていることと同じで、妊娠・出産・育児分野においては、むしろ逆のことが起きている。「育休や育児支援を企業で議論するのは男性ばかり」なのに、**「育児情報を提供するのは女性ばかり」という偏った分断**が生じている。女性による情報発信も、男性による情報発信も両方があることで、より多くの人に、有効な情報を届けられるのである。

そしてマーケティングでは、性差を考慮して行うことが一般的である。「男性は青、女性はピンク」というようなステレオタイプのいわゆる「ジェンダーマーケティング」は問題があるが、女性と男性で情報の受け取り方、考え方に一定の傾向が見られるのは事実だ。この点において、これまでの妊娠・出産・育児情報のほとんどは女性向けに偏っており、それをそのまま男性向けに発信しても理解されにくい。実際に、育児について調べようとした父親からは「女性向けの情報が多くて、正直読みにくいと感じた」という意見も出ている。

このようなことを示す一例として、筆者が父親向けの教室を開催した際に、受講者から言われた興味深い一言がある。

「これまで妻の教室の話を聞いて、学んできましたが、今日言われたことのほうがすっきり理解しやすかったです」

この方の妻は助産師であり、妊婦向けの教室などを自ら行っている方だった。オンラインでの開催もあり、妻が自宅から行う時には横で聞いたこともあるという。しかし筆者の説明のほうが理解しやすかったというのだ。

これは決して、産婦人科医と助産師の情報量や知識の差ではない。特に妊娠・出産に関しては、産婦人科医と助産師は高い専門性を持っており、少なくとも一般向けの情報提供の内容に大きな差はない。授乳などにおいては、産婦人科医より助産師のほうが詳しいことも多い。

理由を知るべく、この夫婦にお話を聞いたところ、「情報の伝え方」に鍵があると考えられた。助産師の奥さんが「共感や感覚」を軸に話を展開していたのに対し、筆者は「データ・理論」を中心に話を展開していた。つまり、**同じ知識であっても、伝え方や情報の区切り方によって、また、聞き手によって、どれくらい身につくかには違いがある**のだ。

もちろん、性差以上に個人差などに注目するのも重要だが、大勢としてみた時に、父親と母親で情報の伝え方を分けることは有効である、という考え方は成立するだろう。

そしてまさに、これまで特に男性産婦人科医はこの分野に携わってこなかったのである。だからこそ、男性の育児・育休が普及する中で、筆者も含め男性産婦人科医が果たすべき役割は大きいと考えている。

コラム　性教育・最新のエビデンス

本章で「性教育の遅れ」について現状を述べたが、「何を教育で伝えるべきなのか」については議論が多い領域であり、細かいところは触れなかった。

しかし産婦人科医として、妊娠の経過や性交渉などについても触れない日本の性教育はあまりに遅れており、**「義務教育レベルできちんと性交渉・妊娠について教える」ことは必要不可欠である**とお伝えしておきたい。

日本でよく言われる、「安易な性教育は性交渉の若年齢化や不適切な性行動の原因になる」というのは明らかに逆であると研究で示されていることを左記にご紹介する。

UNESCO（国連教育科学文化機関）が主体となって発行している「国際セクシュアリティ教育ガイダンス」は、世界のセクシュアリティ教育（以降「性教育」と表記）に関する研究をまとめたものだ。日本語訳も発行されており、購入することができる。

このガイダンスにおけるポイントをいくつか紹介したい。

・若者が年齢に応じ、「責任ある選択」をするための科学的な知識・スキルを学ぶことにより、性行動が慎重化し、リスクを減らすことができる
・対象を5～8歳、9～12歳、12～15歳、15～18歳以上の4段階に分け、それぞれで学習内容・学習目標が設定されている
・性教育には性行為や避妊のみならず、人間関係や価値観・文化なども含まれ（包括的性教育）、これらを包括的に伝えていくことが重要である

つまり、小学校から性教育を行うことは重要であるし、**適切な性教育は有害な性行動を減らし、望まない妊娠や、望まない不妊といった問題を避けることに有用**なのである。

教育において妊娠・出産を忌避することは、百害あって一利なしなのだ。最近では子ども向けに性教育や、プライベートゾーンの教育を行うための絵本なども増えてきている。多くの産婦人科医が活動している領域でもあり、ぜひ読者の皆さんの家庭教育においても、お役立ていただきたい。

「経験なし」＝家族像の変化

父親の教育環境について多くの問題があることを述べてきたが、これは現代で生じた問題というより、昔から存在しており、「父親が育児に参加する」ことが一般化するにあたって表面化した問題だ。対して、本項で取り上げる「経験」は、まさに高度経済成長期以降に生じてきた問題であり、現代の父親を追い込んでいる大きな要因になっている。

ここでは「家族像の変化」「出産システムの変化」を通じて、男性が育児以前に「子ども」そのものに接する機会が減少している問題について考えていく。

●ロールモデル不在の「男性育児」

これから父親になる世代を20代〜30代と仮定すると、おおよそ１９８０〜90年代生まれが該当する。１９８０年代生まれは、高度経済成長時に確立した「勤労男性＋専業主婦」に育てられた世代であり、まさに父親が最も育児から引き離されていた時代と言える。１９９０

年代生まれ（筆者も該当する）は幼少期（2000年頃）に先述した「父親へのネガキャン」が行われたものの、この時代の男性育休取得率は0・5％すら超えなかった。やはりこの世代の父親も、育児への関与は少なかったと言える。男性育休が普及し始めたのを早くても2006年頃と捉えるのであれば、それ以降に生まれた世代が親になるのはもう少し後の話になる。

つまりこの世代は、**「自身が父親に育児をされた」と感じる父親はまだまだ少数な中、「自分たちは育児をする」ことを求められている**。しかも以前のような「専業主婦の妻と育児をする」のではなく、「共働きで育児をする」ことが求められており、方法論のみならず、使える時間や環境についても大きく変わっている。**「世代間でのパラダイムシフト」**、それが現代に生じている大きな問題なのである。

自らの父親が育児のロールモデルにならない中、現存する「男性育児」のロールモデルは上の世代、つまり「イクメン世代」になる。もちろん男性育児の形は少しずつできてきていると思うが、第2章で指摘したように、これを一般化するのは困難である。結局、**「お父さんとしてどのように育児をするか」の参考になるものは今でも不十分**なのだ。むしろ200

0年代半ばからの「イクメン」の流れから男性育児・育休の問題は続いていると考えるほうが妥当であり、この世代には自ら男性育児のあり方を探していくことが求められているのだ。

●赤ちゃんに初めて触る父親

更にもう1つ、「経験」という意味で重要な流れがある。「出生率の低下」と「家族構成の変化」だ。

1980年の合計特殊出生率は1・75、1990年は1・54だ。その親世代である1950年は3・65、1970年は2・13であることに比べれば、かなり低い値と言える。つまり今の親世代は1人っ子、ないし2人兄弟姉妹が多いということだ。

女性の平均初産年齢についても、1950年は24・4歳、1970年は25・6歳、1980年は26・4歳、1990年になると27・0歳まで上昇している。女性の妊娠可能年齢には大きな変化が生じていないとすれば、長子と末子の年齢差も年々縮んでいることが推測される。

つまり、兄弟が減り、年齢差が縮まれば、自らが新生児・幼児に触れたという経験も減る。更には親世代の兄弟が減ると、親族の子どもに触れる機会も減少する。結果として、身近で小さな子どもに接することができる機会が今の親世代には乏しくなっている。昔で言えば先程述べたように「共同養育」が社会のシステムであり、家族単位を超えて小さな子どもと接する機会は多かったと考えられるが、このような機会も地域資源の減少に伴い減少した。

つまり**「新生児や乳児を見たことも、触ったこともない」という親が増えている**のである。特にこれは男性に顕著だ。女性のほうが友人の出産後などに会う、といった関係性を築きやすく、男性はこのような機会も乏しい。女性が育児の主体である中で、男性が友人男性の子どもに会おうと思えば、友人の男性とその妻双方の手間を取ることになる。女性が友人女性の子どもに会うのであれば、女性単独で会うことが可能だ。もちろん、男性自身が単独で育児をするようになればこの状況は変わっていくと考えられるが、現時点では男性が赤ちゃんに触れる機会は乏しいと言わざるを得ないだろう。

このような傾向はデータだけでなく、産婦人科医として実感もしている。

以前勤務していた病院では、妊婦の退院時に「お見送り」をすることがあった。退院時に父親が迎えにくることも多く、せっかくなのでその場で抱っこしてもらうのだが、**多くの父**

親がおっかなびっくりという感じだ。初めて本当の「赤ちゃん」を見て、触れているのだろうと思われる。実際に何人かに「赤ちゃんを見たり触ったりするのは初めてですか？」と聞いてみたのだが、ほとんどが「初めて赤ちゃんを見た」と言っていた。

またある母親が育児の最初を振り返り、「夫と育児の話が噛み合わないと思ったら、夫の『赤ちゃん』のイメージが、2～3歳の子をイメージしていたことに気付いた」と語ったのもこれを裏付ける。新生児～1歳の赤ちゃんはあまり外出しないため、町中で見ることも少ない。「小さい子ども」として見る機会が多いのは2～3歳以降の年代であり、その父親はここから「小さい子ども」のイメージを得ていたのだろうと考えられる。

このように、現代の社会構造の変化は、知識面でも経験面でも父親を育児から引き離してしまった。しかし、これに拍車をかけるような出産システムが日本には存在する。それが**「里帰り出産」**だ。

●「里帰り出産」という男性の育児参加を阻む文化

「里帰り出産」とは、妊婦が実家（主に地方）に産前・産後の期間滞在し、実両親の育児支援を受けるという出産慣習であり、実は日本に特異なものと見られている。

戦前、出産は自宅で行うものであった。1950年でも95・4％の出産が自宅などで行われており、病院・診療所・助産所で行われているのは4・5％に過ぎなかった。病院での分娩を普及させたのはGHQであると言われ、1970年には自宅分娩が3・9％に減少し、ほとんどが医療機関で行われるようになった。この過程で里帰り出産の文化が出現する。

自宅で分娩するのであれば経験者（祖母など）の力を借りるのが合理的であるし、戦前は世帯同居や近住が多く、実家で出産するのは理に適っていた。病院で出産するようになると、出産自体には経験者の力を借りる必要性はなくなったが、産前・産後の母体ケアという意味で実家の力は有用であった。しかし高度経済成長に伴い、若年人口の都会移動が起きたことで、「実家」と「夫婦の住まい」が離れるという現象が生じる。同時に新幹線など交通機関も発達し、妊娠中に遠方の実家に移動するのも可能となったことで、「遠方の実家に里帰り出産」という文化が生じたとされている。*4

高度経済成長期に生じたもう1つの特記すべき文化に、**「立ち会い出産」**がある。実は明治時代までは月経を「穢《けが》れ」とする文化があり、月経中の女性を隔離するための「産小屋」まであったという。出産もこの場所で行われることが多く、男性が出産に立ち会うことは稀であった。

男性が出産に立ち会う文化ができたのも1970年代、病院での出産が普及したことによるとされる。つまりこの時期に、「出産場所の変化」と「若年人口の都会移動」が起こり、これに伴い生じたのが「実家近くの病院での里帰り出産」なのである。

これは男性の育児に大きな影響を与えたと考えられる。先程から触れているように、高度経済成長期に父親は育児から引き離された。同時に、**「妻の実家の援助を受けて育児をする」という文化が進んだことにより、「子育ては女性」という考え・社会構造はより強固になっていった**のである。つまり、今後父親の育児参画を進めるのであれば、この時期に構築された出産・育児システムを変えなくてはならない。第5章で触れるが、まさに**育児の最初、試行錯誤を重ねる段階を、父親不在で進めることは大きなデメリット**がある。

無論、特に共働きが進んだ現代において、育児の担い手として祖父母の力を借りること自体は積極的に考えるべきだ。だからこそ、「里帰り」そのものを問題視するのではなく、**「育児のスタート時に父親が関与できない」という構造を根本的に見直す**必要がある。まさに「男性版産休＝産後パパ育休」が実装され、父親が出産直後の育児休暇を取りやすくなった今、「夫婦で一緒に里帰り」なり、「両親が夫婦宅に移動」など、**「父親を育児のスタートから引き離さない」システム**を広めていかなくてはならない。

「支援なし」＝男性中心社会

これまで幾度にわたって「高度経済成長期」という言葉を出してきた。父親を育児から引き離す様々な文化が成立したのはこの時代であり、今生じている男性育児の諸問題を論じるのに避けては通れない。

しかし高度経済成長が父親にもたらした最大、そして中核にある問題は、**「男性中心社会」**と言える。このことについては浜田敬子氏による著書『男性中心企業の終焉』（文春新書）に詳しく、最終章においてまさに「男性育児参画」の問題に触れられている。ここではその内容と共に、「育児」という面から男性中心社会の問題を考察する。

●「父親は仕事」を前提に組まれた社会制度

根本的に、なぜ高度経済成長は「男性中心社会」をもたらしたのか。それは高度経済成長期の産業発展を読み解くと見えてくる。

高度経済成長期の産業構造の特徴と言えば、第一次産業（農林水産漁業）の減少と、第二次産業（製造業・建設業・鉱業）の発展、それに続く第三次産業（小売・サービス業）の成長である。第二次産業の伸びは、大量の人員を動員した集中生産体制が背景にある。第一次産業における「家業」として各家庭で生産する体制から、「企業」として集中生産する体制が合理的となり、雇用労働が普及した。

製造業を集約化するのであれば、当然労働効率が良い労働者を選んで採用すると都合が良い。身体労働である第二次産業においては、これに適していたのは男性である。また1985年まで存在した、労働基準法の「女性保護規定」では女性の残業を1日2時間（週6時間）に制限し、22時以降の深夜業務を原則禁止としていた。**「女性は不完全な労働力」**というのが当時の社会の常識であり、この意味でも男性の雇用が先に進んでいったのである。

家業においても男性は労働力の中心であった。しかし高度経済成長期の農村と都市を比較した調査[*5]で、この時代の農村で家業を営む直系家族の母親は、育児より家業労働により従事していたことが示されている。家事も育児も母親の主たる業務にはならず、あくまで家業の労働が中心であった。しかし都市部の雇用労働者の核家族家庭になると一変する。男性が労働力の中心であるのは同様だが、女性が家事・育児に割く時間が圧倒的に長くなり、この2つが主体を為すようになる。

高度経済成長が女性の家事内容を変えたのもこれを方向づけた。「三種の神器」として有名な「冷蔵庫・洗濯機・白黒テレビ」が普及したことにより、炊事や洗濯にかかる時間は減少した。しかし直系家族であれば祖母や親族と分担していた家事を、核家族化によって母親だけで行うようになったため、結果として家事・育児に取られる時間は増えている。**皮肉にも、技術革新による経済の成長や核家族化が、女性を家庭に縛り付けた**とも言える。

確かにこの時代、両性共に就業率は上昇している。しかしこれは未婚女性や育児を終えた女性によるもので、家業から雇用労働への変化という意味が強い。女性の就業は、あくまで男性の労働力の補完として扱われていた。「育児中以外の女性は就業」「育児に入る＝寿退社」という文化が出来上がったのである。高度経済成長でできた「男性中心企業」は「男性中心社会」を形成し、「男は仕事、女は家庭」の分断は加速していく。

●専門職と父親の断絶

高度経済成長は、家業という分散型労働から、企業雇用という集中型労働への変化をもたらすと同時に、先項「里帰り出産」で触れたように、出産の場についても、家庭から病院という管理環境に切り替わる流れを進めた。特に「産科医」が分娩に多く携わるようになったのは、この時代の話だ。同時に助産師の役割も大きく変わり、いわゆる「産婆」のイメージである「各家庭における助産」から、「病院における出産」の担い手に変わっていった。

この高度経済成長真っ只中の1965年に成立したのが、母体の妊婦健診や保健指導について規定した**「母子保健法」**である。実はこの原型となる育児支援制度は、もっと早くに始まっていた。母子健康手帳の元である「妊産婦手帳」は1942年に始まり、これが児童の健全な育成を促すための児童福祉法と合わさり、「母子手帳」となったのは1948年のことである。しかし乳児死亡率は依然として高く、これを減らすためには自宅出産から病院での管理型出産に切り替える必要があった。この時に妊娠・出産に関わる諸制度をまとめた法律として母子保健法が成立したのである。これは世界でも手厚い妊娠・出産支援制度であり、周産期死亡率の激減に貢献した。

「母子保健法」という名前が表すように、ここに男性が介在することは全く想定されていない。産婦人科医や助産師は病院で妊婦を診るのが仕事であり、様々な支援も病院を起点に行い、訪問などは保健師の業務とされた（助産師・保健師は現代では同じ看護師免許取得を基本としており、これらを兼ねる人も多い）。**出産は「身近で行われる、リスクの高い」ものから、「病院で行われる、リスクの低いもの」に変わり、生活とは切り離され、男性はより出産と疎遠になってしまった**のである。

病院を起点に支援を行うシステムは、その後に生じる妊娠・出産に関する多くの問題を産婦人科医・助産師など医療専門職と母親だけに担わせた。しかし「母子保健」領域の問題は年々増加している。

妊婦の年齢上昇は合併症の増加をもたらし、出産はより管理を要するようになった。1人の女性の出産数が減ったことは、それぞれの子どもに対する資源投下量を増やし、産婦人科医療は「無事に産めれば良い」ではなく、「胎児の様々な病気の早期発見（出生前診断）」や、「より満足度の高い出産（無痛分娩など）」といった需要も抱えることになった。

育児に対する社会資源の減少と母親の孤立は、虐待や育児放棄などの問題も生み出し、特に助産師や保健師はこれらの社会的問題への対応も求められた。結果として、**専門職の業務量は「母親支援だけで手一杯」**な状況が続いており、新たに父親に対して割ける資源は少ないと言わざるを得ない。

ここで挙げた問題の中でも、母体の年齢上昇や虐待といった問題は、決して男性も無関係ではない。しかし既に産婦人科医療と男性の関わりは断絶されており、これらは「母親の問題」として未だに扱われ、専門職の対応も母親にばかり向いているのではないだろうか。

父親の育児が広まる今こそ、産婦人科医や助産師といった専門職が父親にアプローチする必要があると筆者は思うが、その道程は険しい。

専門職の支援という意味では、もう1つ忘れてはならないのが精神科医や心理職、もしくは企業勤めであれば産業医の存在だ。これらの専門職は、育児という観点では父親に関わることは少ないが、メンタルヘルス不調を起こした場合には大きな役割を担うことになる。

しかし、これらの**専門職へのアクセスの最大の欠点は、「本人がヘルプを出さない限り、アクセスすることは難しい」ということ**だ。筆者は産業医として多くの従業員の方の面談を担っているが、一部を除き基本的には要請に応える形が多い。しかし次項で述べるが、多くの父親は誰にも助けを求めることができない。そもそも、育児で追い込まれているなんて、「父親として失格」であり、精神科や心療内科などという選択肢は浮かばない。いよいよ追い込まれて周りに言われて初めて、産業医や精神科医を訪れるが、その時にはすでに重い「うつ」になっていることが多いのである。

●「父親は支援する側」という「有害な男らしさ」

ここまで社会制度や専門職という側面から、父親に対する支援不足に触れてきたが、支援が進まない最大の要因は、そもそも**父親が「支援される人」ではなく、「支援をする人」として扱われている**ことが根底にある。

第2章で「イクメン」に絡め、男性の育児参加の増加は「男性の自発的な育児参加希望」が叶えられたのではなく、母親のワンオペ育児や産後うつを契機として、「男性の育児参加に対する要請が高まった」ためであると述べた。このことから、父親の育児参加を語る時には、**「お母さんは大変なんだから、しっかり支えるべきだ」**という文脈で語られることが多い。

つまり**父親は「母親と子どもの支援者」**とみなされており、ここに社会が求める**「父性」**が見え隠れする。

既に「大黒柱」という言葉は死語にすらなっていると思いたいが、現実として、女性の賃金は男性の77・9％と男女賃金格差が健在だ。「収入のメインは父親」という構図は共働きになったとしても残っており、この面でも**「家庭を収入で支える」という役割がまだ父親に期待されている**ことがうかがえる。

「収入の柱」「家族の支援者」という父親に対する社会的要請は、「強くあるべきという父親像」を多くの父親に暗に押し付けており、父親自身もこれに対して無自覚なことが少なくない。これを**「トキシック・マスキュリニティ（Toxic Masculinity）＝有害な男らしさ」**と言い、「男らしさ」にまつわる規範・期待・慣行のうち、特に有害で不健康なものと定義される。

「有害な男らしさ」は近年、性差別や暴力という観点で語られることも増えてきた。しかし育児の分野においては、「妊婦・子ども＝弱者」に対する考え方として問題になる。例えば「タフでなければならない」というプレッシャーから「弱気」や「助けを求める」という負の感情を抑圧してしまうと、周囲への相談や協力要請から男性自身を隔離し、孤立させ、社会的支援を遠ざけてしまう。まさに**「父親は弱さを見せてはならない」**という考えが根強いのだ。

このような事例は、筆者も多く見ている。数多くの父親が育児を契機にメンタルヘルス不調を起こし、産業医面談に訪れる。

分かりやすいのが、「父親は子どもが生まれたら、育児も仕事も頑張らねばならない」といった思い込みだ。ある事例では、「子どもが生まれてお金が必要になるので、自分がもっと成果を上げねばならない」といって自ら業務量を増やし、育児との両立ができずにうつを発症した。他にも明らかにメンタルヘルス不調を来しており、周囲から休むことを勧められているにもかかわらず、「子どもが産まれた今、休むなんてできない」と頑なに拒否する父親や、一度休職したとしても、復職を焦り再発する事例も存在した。

最も問題なのが、「父親になる」ということに合わせ、様々なライフイベントを重ねる考え方だ。家を買う、収入を上げるために転職するといった、大きなライフイベントを妻の出産に合わせる父親も少なくない。ただでさえ育児は夫婦の生活スタイルを大きく変える。その中で家を買い、ローンなどの金銭的な負荷を増やし、転職により家庭・仕事双方の大きな環境変化を起こすことは、過剰な物理的・精神的負荷につながる。そうでないとしても、未だに長期雇用が基本となっている日本の労働法制上、転職は育休・有給取得にあたり不利になる。

これらの事例のように、そもそも**「育児は父親にも大きな負担になる」という観点が抜け落ちている**のも問題ではあるが、輪をかけるように「子どもができたら頑張らなければならない」という思い込みが父親を追い込んでいる。実際に産後うつを起こした父親の大半に、このような思考が見られているし、米国の研究[*6]では、このような意識を持つ男性は、自殺率が2・5倍高いということも示されている。

未だに、「頑張りすぎると父親も危ない」ということは十分に広まっていない。母親が家事・育児を抱えたまま社会進出したように、今の父親も仕事を抱えたまま育児進出が始まっている。そもそも仕事でかなりの負担を強いられていれば、その手に育児をする「余力」はない。むしろ出産を機に、業務量の調整を図るほうが正しい考え方であり、「より頑張る」というのが一般的な今の状況は、非常に危ないものだと言わざるを得ない。このような考え方に対して、父親自身・周囲がどう対応すべきかは、また第5章で触れていきたいと思う。

この議論は、「男性らしい育児」を一概に否定するものではない。育児において、父親と母親の役割が完全に同一ということはありえない。逆に完全に分けて固定するということもありえない。**父母双方が「それぞれのスキル・考え」を組み合わせ、効果を最大化するのが重要**であり、「有害な男らしさ」はこれを阻害する。「父親だからかくあるべき」という押し付けは避けなければならないが、「父親だからこれができる」というポジティブな面から育児に関わることは、子どもにとって父母双方から違うものを獲得できるという意味で、望ましいのではないだろうか。

コラム　多様性とグラデーション

図8　性のグラデーション

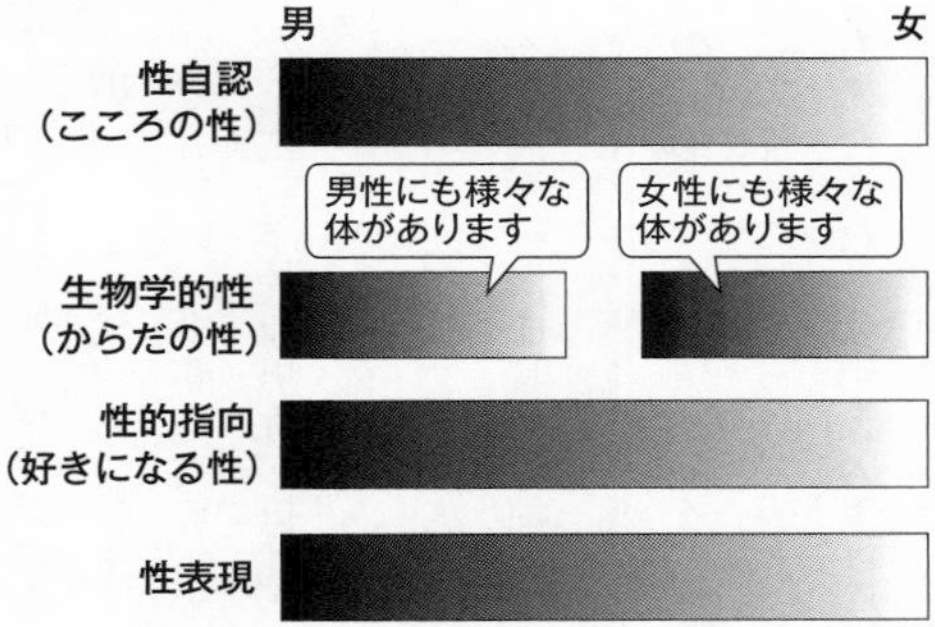

Diversity, Equity & Inclusion（DE&I）が盛んに語られる現代、もはや「性別役割意識」は古いものとなっている。基本的に男性に卵巣や子宮はなく、妊娠することは困難だ。しかしそれ以外の観点では、まさに**「男 or 女」ではなく、「個性」としてそれぞれを捉える**ことが重要になる。

図8は総合診療医であると同時に、性的マイノリティの健康問題に取り組む、一般社団法人 にじいろドクターズの坂井雄貴先生にご提供いただいたものだが、**性自認・性的指向・性表現は「グラデーション」として考える**のが重要だ。

育児でも同じことは言える。「母親だから育児が上手」「父親は強くなければならない」というのはまさに極端に振り切った考え方だ。育児が上手な父親もいれば、弱みを見せるのが苦手な母親もいる。育児が苦手でも得意でもない、中間の人もいる。

しかし生物学的な男性が母乳を出すことは難しい。だからこそ「母乳、授乳という、女性にしかできない育児がある」という認識が出てくる。安易な「母性」や「育児は女性」という固定概念が、高度経済成長期以降進んでしまった。

確かに高度経済成長期以前は、父親は「家長」として、子どもの成長に責任を負っていた。しっかりとした後継者に育てるために、家長に教育などの責任が課せられていたのである。まさに「強く、厳しく」というイメージを抱く方も多いと思うが、これは「男性」に課せられていた責任というよりは、家長という「役割」に課せられているものだった。使用人の男性には別に課せられていないし、江戸時代ではむしろ町中で男性が子どもたちを自由に遊ばせていたという記述もある。**同じ男性であっても、社会的役割により子どもへの接し方は異なっていた**のである。

高度経済成長期以降、この「家長」に代わって「強さ・厳しさ」を見せていたのは近所のカミナリおじさんや一部の教員だったのかもしれないが、現代は残念なことに、様々な「教育上の役割」が大きく両親だけに乗ってしまっている。

逆に言えば、**もはや「強い父親像」だけで育児をすることはできない**のである。個人の多様性が重要であるように、「父親だから」と気張ることなく、役割を固定するのでもなく、時には「強い父親」、時には「弱い父親」と、フレキシブルに育児をすればいいのではないだろうか。

これまで、「父親が赤ちゃんの世話をする」という意味での育児は、あまり行われてきていないのである。共同体全体で行っていた育児が、母親個人で行うものになり、現代、その母親個人で行っていたものを両親で分担、ないし父親だけでも行えるようにしようという流れである。「男性（単独）の育児」は、これまでの日本ではあまり見られなかった光景なのである。

「三重苦」が生み出した問題――父親の産後うつの実例から

先項でも触れたが、まさにこの「知識なし、経験なし、支援なし」の三重苦の一つの結果が、**「父親の産後うつ」**だと考えられる。筆者が積み重ねてきた父親へのヒアリングや、産業医として行った面談の中には、産後うつの当事者の事例も含まれている。

ここでは、「父親の産後うつ」のモデルケースを3つ紹介しつつ、三重苦の側面から問題の本質に迫っていきたいと思う。

●①育児と仕事の両立困難

父親の産後うつの典型であり、母親の産後うつと同様の問題を抱えているのが、この**「育児と仕事の両立困難」**だ。

「まさか自分が、育児と仕事を両立できなくなるとは思っていませんでした」と語るこの父親は、育児に強い興味を持ち、妊娠前から育休取得や育児関与をしたいと考えていたという。

勤務先も大手企業であり、育児休業の取得には前向きな反応を示し、上司もキャリア上のプラスになると応援してくれていた。妻は医療職であり、同様に出産後も長い休業はせずに、夫婦で育休を組み合わせて育児することを計画していた。

妊活についてもある程度計画的に動き、難なく1人目を妊娠。妊娠中から両親教室に参加し、育休も妻は産休と合わせて6か月、夫も1か月を取得する予定とした。出産日は立ち会いこそ感染対策でできなかったものの、休みを取り、リモート立ち会いをし、窓越しで赤ちゃんにも会うことができ、約10日後から育休に入った。

1か月の育休の間は、可能な限り妻を休ませるべきであるし、育児手技も身につけようと、積極的に育児に関わったというが、夫婦ともに実家は遠方であったこと、新型コロナウイルスの流行もあったことから祖父母の手は借りずに育児をする方針とした。

1か月後復職し、当初は帰宅後、昼に育児をした妻に変わって家事や育児を担ったという。しかし徐々に業務量は増え、少しずつ残業も出てくる。上司は理解し、仕事量もそこまで多くしないでくれていたが、育休を取っていない同期もおり、これまで以上に成果を出さねばと感じていた。

6か月後、妻が復職する。本人はリモートワーク・フレックス制を組み合わせていたため、仕事と育児の両立は可能だったが、医療職の妻は出勤を要した。妻が夜勤の日は夜泣きの対応も父親がせざるを得なくなった。夜泣き対応の翌日は日中の眠気を自覚していたが、徐々に妻が夜勤の日を中心に、寝たいのに寝付けなくなるなどの症状が出現。仕事上もミスが増えているのを上司に指摘され、心配であれば病院の受診や産業医への相談を勧められるも、「今休んで妻に心配をかけるわけにはいかない」と応じず、症状が悪化。逆に家での様子を妻に心配されたことで、やっと病院を受診し、うつ病で休職となった。

ここまで読んでいただいた読者であれば、この父親が抱えていた問題が見えてきたのではないだろうか。

実際にこの父親の話を聞いたのは、無事回復し復職した後であったが、「こんなに夜眠れないとは思っていなかった」という。眠れない要因となった夜泣きは、個人差も強いが1歳〜1歳半頃まで続く赤ちゃんも多い。色々調べて知識を得ていたとはいうが、**「妊娠や出産の大変さはすごくよく分かったが、小さい赤ちゃんの子育てはイメージができなかった」**と語る。まさに「系統だった知識」を持てていないために、妻の復職後に問題になると予想される夜泣きへの対策ができなかったのだ。

そして発言の節々に、「有害な男らしさ」も見て取れる。上司は「育休がキャリア上もプラスになる」とまで言ってくれたにもかかわらず、「これまで以上に成果を出さねば」という焦りを感じ、体調が悪くなっても「やっと復職した妻に心配をかけるわけにはいかない」と更に悪化するまで粘ってしまった。そもそも、**「自分が両立できなくなるなんて思っていなかった」**と語っており、父親であれば双方できて当たり前、という思い込みも見受けられた。

このような「三重苦」の問題も大きいが、もう1つの大きな問題は、育休明けのこの父親の業務量が、早々に増えていったことだ。第2章で紹介したように、**父親が十分に育児に携わるためには、仕事＋通勤を9時間半以内に納める必要がある。**復職後3か月でこの父親の時間外労働は月30時間（平均約1・5時間／日）に達しており、仕事だけで9時間半／日になってしまっていた。しかし妻が育休中であったために、それが将来的に負荷になると気付けず、そのまま妻の復職を迎えてしまった。この時間外労働に夜の睡眠不足が重なれば、メンタルヘルス不調のリスクが高くなるのは当然だ。

この事例では受診した病院の精神科医が、初診で育児と仕事の両立が問題であることに気付き、父親に対し休職と、育児から一度離れることを勧めた。父親も遠方の両親の手を借りることを決意し、一度仕事と育児から離れて休み、その後無事に社会・育児復帰を果たした。しかし精神科医や産業医が、育児の背景を見逃してしまうことも他の事例では見られた。

専門職の中でも「父親が育児をする」という認識はまだ広まっていない。仕事に起因してメンタルヘルス不調のリスクが上昇する時間外労働は、おおむね月45時間とされ、これが労働基準法の時間外制限の根拠にもなっている。しかしこれは業務のみをリスクとして捉えた場合であり、ここに**育児という他の負荷が重なれば、45時間未満の時間外労働でも当然、メンタルヘルス不調のリスクは高まる。**「父親が十分に育児に携わる」ために仕事+通勤を9時間半以内に納めるのは重要だが、それ以上に「父親自身の健康」を保つためにも重要なのではないだろうか。

●②社会との隔絶

2つ目に挙げるのは、最近の育休の流れで生じ、今後父親の育休取得者が増えるにつれ深刻化すると思われる**「長期育休に伴う社会との隔絶」**だ。以前より母親においては議論になっていたことであるが、まさに「専門的支援」が重要な一例になる。

「元から育児はやりたいと思っていて、キャリアのために育児を犠牲にしたりするのは絶対に嫌だと思っていました」と語るこの父親は、ある程度の専門性が求められる仕事に従事しており、スキルを活かしてベンチャー企業に転職後、同業他社に勤める妻と結婚した。ベンチャー企業だけあって平均年齢が若く、フルリモートでフレックスタイムも活用できるなど働き方の自由度も高かったという。妻の妊娠前から長期の育休を取得したいという意向は伝えており、特に子どもが保育園に入るまではどちらかが育休を取る体制を希望し、上司や経営層も協力的で、快諾してくれていた。妻が妊娠後、その時の社内の状況なども踏まえ、妻が先に産休＋半年の育休を取得し、入れ替わりで父親が半年の育休を取得、保育園に入れたら復職することになった。

妻の出産後、まず有給で約２週間の休みを取得。週１程度でプロジェクトの仕事はしながらも、産後の妻を労りつつ、最初の育児に挑戦した。この父親は両親教室などには参加していなかったため、様々な手技や育児の知識は妻から教えてもらい、２週間を過ごした。その後通常通り仕事を継続したが、フルリモートワークであったため、適宜育児には参加し、子どもの成長を間近で見られる環境に充実感があった。

自分のプロジェクトの引き継ぎなども済ませ、いよいよ妻が復職、自身が6か月の育休に入る。当初は妻もリモートワーク中心であり、ほとんど家にいたためあまり変化は感じなかったという。しかし途中で妻が、「家で仕事をしていても、後ろで赤ちゃんが泣いてしまったりすると集中できない」と言い、相談した結果、週数回は出社して仕事をする方針となった。

これにより、この父親は初めてワンオペで育児をすることになった。出産後の有給と、育休期間の最初で育児自体には慣れてきており、妻が出社しても問題なく育児をできたという。少しずつ妻とは異なる育児スタイルを見出し、最初は楽しみを感じていたというが、徐々に「できないこと」が増えていくのを感じるようになった。特に妻が出社している時間は、自分一人で育児を担わねばならず、満足にトイレも行けない。常に子どものことを考えねばならず、妻が帰ってくる時に家の中が散らかってしまっているのが気になるようになった。妻は「育児してるしそんなもんだよ」と言うが、自分が思い描いていた父親像との乖離を感じるようになっていった。

3か月ほどが経った頃、最初は多少あった仕事の連絡も全くなくなり、子どもも9か月となり、かなり活発に動き回るようになった。これまで以上に目を離せない中で、徐々に「本当に仕事に戻れるのだろうか？」という疑問がわき、これが頭の中を占めるようになってきた。「新しく自分よりスキルが高い人が来ていたらどうしよう」「次のプロジェクトについていけなかったらどうしよう」「スキルが低下していたらどうしよう」などと、根拠のない不安を抱き、それに「育児も満足にできない」という自己評価がつながり、気持ちがふさぐようになっていった。

ある日、この不安が極限に達し、あふれるように妻に想いを伝えた。最初妻は驚いたというが、前職で部下のメンタルヘルス不調に遭遇したことがあり、「一度病院に行ってみたらどう？」と、子どもを預かって病院に行かせてくれ、そこでうつの診断を受けた。その後、治療し、少し復職は遅れたものの、元の職場に戻って活躍している。実際に復職してみたら、自分のスキルは落ちていなかったし、他にスキルのある人は増えていたが、会社の業務も拡大に伴うもので、今では良き仲間になっているという。色々考え込んだ不安はすべて杞憂であったのだ。

これはまさに、**誰にも相談できずに一人で落ち込んでいってしまった父親**の事例である。あとから振り返れば問題なく育児もできているし、職場の理解も得られている。しかし**育児**

に対する理想が過剰に高く、育児と家事を両立できない自分を否定的に捉えてしまっていた。

実際、妊娠前の家事分担はやや妻に偏っており、家事に対する熟練度も違ったため、育休明けには一人である程度、育児と家事の両立ができていた妻と比べると、父親の育休入り当初は両立ができていなかった。しかし妻はそれを気に留めず、帰宅後にカバーしていたし、その体制で何ら問題はなかったはずである。

この状況で、本来関係ない「職場からの連絡が減ったこと」をつなげてしまい、自分の能力が低いということを自身で思い込ませてしまった。そして妻以外の相談相手を持っていなかったことから、自らを客観視する機会や、アドバイスをもらう機会も得られず、どんどん落ち込んでいった。

もしこの父親が、例えば両親教室に参加して相談できる専門職と出会ったり、他の父親と知り合ったりする機会があったら、ここまで落ち込む前に誰かに相談できたのではないだろうか。もしくは自らの高すぎる育児の理想を修正し、現実を見ることができたのではないだろうか。「育児をすれば家事はある程度雑になる」という経験を周囲がシェアしたり、話として見聞きしていれば認識は変わっていたかもしれない。落ち込みを感じてからも、助産師や保健師への相談窓口が身近にあり、訪問などを通じて状況を把握してもらえる機会があれば早期に対処できていたかもしれない。

最初に触れたように、母親でもこの問題は深刻である。「**マミートラック**」と呼ばれるように、育児を機にキャリアが断絶・後退するリスクは女性のほうが高い。しかし、**周囲の相談先や専門職の支援がないという意味では、父親のほうが長期育休での孤立リスクは高い**。同じ長期育休でも、それぞれが抱える不安には差があると考えられ、まさに**父親の育児・育休に注目した支援や教育が必要**ということが言えるのではないだろうか。

●③自ら多重負荷を課す

最後の事例は、先程紹介した「**有害な男らしさ＝トキシック・マスキュニティ**」が目立った一例だ。母親の産後うつには多くない、まさに**父親に特徴的なパターン**であり、父親の育休が増えるにつれて、今後多くなってくるであろうと思われる問題だ。

この方も、①と同様に、「まさか自分が、育児と仕事を両立できなくなるとは思っていなかった」と語る父親だ（①の父親とは別人である）。

この父親がうつになったのは、2人目の子どもが産まれた後だった。1人目の子どもが産まれた時、赤ちゃんにトラブルがあり、新生児集中治療室（NICU）に入室することとなった。子どものNICU入室は、多くの母親に「自分のせいではないか」「その後の発達に影響したりしないだろうか」とストレスを与えることが知られている。この父親の妻も退院後、思い詰めていたという。これに夜泣きが加わり、産後数か月の時に妻が倒れてしまった。まさに父親の産後うつのリスクの1つである、「妻の産後うつ」である。

その時、父親はサラリーマンとして朝から夜まで働いていたが、実両親・義両親の家が近かったこともあり、双方の協力を得て仕事は続けつつ、土日は可能な限り子どもの面倒を見て妻を休ませた。その後妻は体調を回復し、2人目を授かる。

2人目の妊娠中に、「今度子どもが大きくなれば、今のマンションでは手狭になる」と考え、家を購入することを決意した。同時に自らの希望ではなかったが、部署異動の話もあり、今後のキャリアも考え引き受けることとした。もちろん、1人目の反省もあり、きちんと子育てに関わるということは決めていた。

出産後、家の手続きや転居、そして異動先での激務と育児を両立。大変さは感じていたが、「2人の父親になったし、頑張らないと」と自分を励まして働き続けた。しかし2人目が1

歳を迎える前くらいから、徐々に眠れない日が増えていった。頭痛や原因不明の熱も出てきたが、それでも3か月頑張った。しかし限界を感じたが、妻には迷惑をかけられないと、内緒で心療内科を受診したところ、うつと診断された。

何を優先するのか悩んだが、仕事を犠牲にすることを決意。妻と上司に診断結果を伝え、仕事内容や分量を大きく変えてもらい、休職はせずになんとか乗り切った。今では3人目にも恵まれ、3人目はこの反省も活かして仕事をセーブしつつ、無事に育児を続けている。

この父親は、自らが倒れたエピソードを振り返り、**「『勝手な使命感』に駆られていた」**と分析する。妻の産後うつが父親の産後うつのリスクであることは第2章で述べたが、これに「有害な男らしさ」が重なった事例と言えよう。第1子の時に、祖父母の力は借りつつも、妻のケアと自らの仕事を両立できたというのも、ある意味根拠のない自信を持つ原因になってしまった。

1人目の時は妻の産後うつ以外の要因はなかったが、2人目の時は**「家を買う」「異動」というストレスがかかりやすいイベントを2つも重ねてしまっている。**しかしそれでも「自分が頑張らねばならない」と抱え込み、自分の体調不良を自覚してもなお3か月頑張り、最終的に妻には伝えないで受診をしている。病んでもなお、**「父親は強くあらねばならない、弱みを見せてはならない」**という**「有害な男らしさ」**を抱え続けていた。

実はこの事例の元となった方は、心理学部の出身であり、メンタルヘルス不調についてある程度の知識を持ち合わせていた。自身がうつとなったことを契機に、男性の育児に関するうつについて調べたが、当時はあまりに情報が少ないことを感じていた。

そして何より、その後も続いたのが**「共有できない辛さ」**であったという。父親の知り合いや会社の同僚には、「育児が原因でうつになりました」とはなかなか言えなかった。唯一言えたのは自らも産後うつに悩まされた妻であり、通院先の医師も育児に関するうつについてはあまり相談できなかった。自身にも「弱みを見せたくない」という感情はあったが、それを乗り越えて相談しようとしても、「共有できる場所がない」のである。

●孤立する父親と家族

ここまでの事例すべてに共通していたのは、まさに**「孤立」**である。一人での夜泣き対応やワンオペ育児、そして相談できない環境。父親は自ら相談することも難しいが、相談する場もないのである。第2章で父親の産後うつのリスク要因に、「孤立感」「周囲のサポートが乏しい」ことがあると表で示したが、この2点は共通して見られた。

別にこれは父親に限った話ではない。「ワンオペ育児」は、母親が育児で父親の支援を受けられないことによって孤立していることを指し、まさに産後うつの原因になっている。根本的にはそれが父親であるか、母親であるかは関係なく、**「育児で孤立」すれば「産後うつのリスクは高い」**のである。だからこそ、**「育児をする人であれば、すべて支援されるべき」**なのだ。

しかし本書では、敢えて「父親の」を強調して書いている。それは現在の支援の枠組みの中に父親がいないことを問題視しており、**今後父親の育児参加が増えれば、必ず「母親の二の舞」を踏む**と考えているからだ。

たとえ父親が育児参加し、母親の孤立が避けられたとしても、今度は「家族が孤立」したらどうだろうか。これまで「子育て世帯の孤立」はほぼ「母親の孤立」と同義で語られてきており、明らかなデータや影響は示されていない。しかし片方の産後うつがもう片方の産後うつのリスクであることは判明しており、「母親が追い込まれる→父親が追い込まれる」、もしくは逆の構図が成り立つことからすれば、ここに第三者が介入できない、孤立状態となるのは非常に高いリスクである。双方がメンタルヘルス不調となれば虐待・ネグレクトなどの問題にもつながりかねないため、可能な限り片方が発症した段階で、すぐ家庭全体を支援するのが望ましいのは言うまでもない。

実際に、母親の産後うつが子どもの睡眠や認知・情緒的発達のみならず、身体症状や病気・事故の発生にまで影響を与えることが示されており、[*7*8]父親の産後うつも子どものうつ病・精神問題に影響を与えることが示されている。[*9*10]

つまり、**育児をする母親も、父親も、そして家族も、きちんと社会支援システムの中に組み込まなければならない**のである。それこそが、「育児と仕事を両立できる社会」ではないだろうか。

育児支援が女性に偏ったことは、母親に「育児をメインで、プラスαで仕事」、父親に「仕事をメインで、プラスαで育児」という不均衡をもたらした。これでは「育児と仕事を両立」できているとは言い難い。

［注］

1 Bunting L et al, "Fertility knowledge and beliefs about fertility treatment: findings from the International Fertility Decision-making Study" *Hum Reprod* 2013; 28: 385-397.

2 産婦人科医は女性のがん、生理、不妊なども専門にしており、妊娠・出産以外を専門にする産婦人科医もいる。

3 助産師は女性しかなれない唯一の国家資格であるため、男性助産師はいない。

4 小林由希子ほか、「出産に関わる里帰りと養育性形成」、北海道大学大学院教育学研究院紀要、106; 2008/12. 119-134

5 斧出節子、「高度経済成長期における家事・育児の実態と規範意識・感情」、世界人権問題研究センター研究紀要、24号、2019, 79-98

6 D Coleman et al, "Association of High Traditional Masculinity and Risk of Suicide Death" *JAMA Psychiatry*. 2020 Apr 1; 77 (4): 435-437.

7 Verkuijl NE et al, "Postnatal depressive symptoms and child psychological development at 10 years: a prospective study of longitudinal data from the South African Birth to Twenty cohort." *Lancet Psychiatry*. 2014 Nov; 1 (6): 454-60.

8 Baker R et al, "Maternal depression and risk of injuries in children aged 0-4 years: a population-based cohort study", *Lancet*. 2015; 386 (Suppl 2): S21.

9 Davis RN et al, "Fathers' depression related to positive and negative parenting behaviors with 1-year-old children." *Pediatrics*. 2011; 127 (4): 612.

10 Ramchandani PG et al, "The effects of pre- and postnatal depression in fathers: a natural experiment comparing the effects of exposure to depression on offspring." *J Child Psychol Psychiatry*. 2008; 49 (10): 1069.

第4章

「男性育児時代」に、社会や企業が目指すもの

第3章までで、「現代の男性育児が抱える問題」を、それぞれの実体験や社会構造を通じて分析し、そこには「三重苦」があることを示してきた。では「知識、経験、支援」の3項目が解決すれば父親の育児環境は問題なくなるのだろうか。この問いには「半分Yes、半分No」であると答えたい。

確かに父親個人に対するアプローチは非常に重要だ。しかし現代において、多くの父親は「育児に携わりたいが、できない」のであり、「育児に消極的」や「育児より仕事がしたい」というわけではない。既に少なくとも若年層男性の意識は変わっているものの、環境がそれに適していないのだ。だからこそ、「イクメンプロジェクト敗北宣言」で触れたが、育児の問題を「父親や母親が変われば解決できる」と個人の問題に帰着させてはならず、そのために「支援」という言葉を入れている。支援は行政だけの仕事ではない。企業も、地域社会も含む支援がなければ成立しないのだ。

第4章では、この「男性育児時代」において企業が果たすべき役割、そして抱えるジレンマについて考えていきたい。

追い込まれる企業

実はこれまで、出産や育児について企業が負わされてきた責任はあまり大きなものではなかった。企業による雇用制度が充実したのは高度経済成長期であり、この時期にいわゆる「終身雇用制度」が確立された。これは男性が終身雇用され、付随する女性や子どもの福祉は雇用男性の給与や福利厚生を通じて提供されるという制度であった。女性労働者は「保護すべき対象」であり、残業時間や深夜労働について積極的に制限が設けられていたのは第2章で説明した通りである。

その後、男女雇用機会均等法の制定などを通じ、女性の労働市場への進出が進むにあたっても、出産・育児については「休む」ことが中心であった。出産・育児休業での完全休職に加え、雇用保険から支給される育児休業給付金が整備され、企業の負担はあまり多くはならなかった。しかしその裏で「マミートラック」といった問題が生じ、女性は**「負担も少ないが、責任もキャリアも少ない」**という状況に陥った。

現在では、育児女性の労働力増加により「育児と仕事の両立」が問題となり、男性育休も進むことで、両性ともに「働きながら育児をする」ことへの対処を企業は求められている。つまり、**「休んで育児or働く」ではなく、「両立」が求められている**のが昨今の変化であり、企業が直面している問題である。本来であれば男性育児普及の前に考えるべき問題だったが、女性の社会進出の中、日本社会が無視してしまった問題が今になって顕在化したとも言えよう。

そして、日本では企業に「勤労世代の社会的支援・福祉」の多くが期待されているのも事実だ。今でも日本の労働者の6割近くは正規雇用者であり、健康診断・健康保険制度・年金制度・年末調整など、いわゆる「成人保健」はここを軸に充実した制度が用意されている。だからこそ**世界トップクラスの育児休業制度**が用意されており、今回の育児休業法改正では男性向けにも更に制度が拡大された。

つまり、「男性育児時代」において、**企業が期待されている役割は非常に大きい**。むしろ企業が動かなければ実態は何も変わらないのである。今回の育児休業法の改正において、2023年4月から「(両性の)育休取得率の公表」が大規模企業に義務付けられたのは、これを大きく進めるという政府の意向と言えるだろう。「終身雇用制度の崩壊」と言われて久しいが、企業は今、大きな文化変革を迫られている。その一方、相変わらず高福祉であることが期待されているのも事実だ。

●法律・社会制度の変化

企業を取り巻く変化を分析していく。まずは社会制度・法律という観点から見ていきたい。

先程述べたように、２０２３年4月から１０００人を超える企業での育休取得率公表が義務化された。現時点では大規模企業のみであるが、新卒世代の育休への関心が高まっている現代、人材確保という面でもこの義務化は重要な流れになる。

実は育児休業法の改正に比べれば目立っていないが、２０２０年の雇用保険法の改正により、育児休業中の社会保険料の免除規定について少し変化があった。これまで社会保険料の免除は、「月末日に育児休業を取得しているか」で判定されていた。特に賞与の社会保険料については「賞与月の月末」のみで判定されていたために、まさに賞与判定月の月末だけ取得するような、「社会保険料目的の育休」が横行していた。逆に月末を挟んでいなければ、たとえ1日～28日の4週間にわたる育休を取得したとしても、社会保険料の免除には該当しなかった。今回、これが見直された。給与については「月中で14日以上取得している場合」が追加され、賞与については「該当月の月末を含む1か月以上」の要件が設けられた。給与については今でも「月末1日だけ」でも免除されるのは変わらないが、賞与は不可能になったこと、また月中の取得に「14日」という期間が明示されたことは大きな変化だろう。

他にも2016年から開始されていた「出生時両立支援コース（子育てパパ支援助成金）」（※現在、大企業向けは廃止され、中小企業で連続5日以上が対象になっている）という男性育休を対象とした両立支援助成金においては、大企業では「子の出生後8週間以内に開始する連続14日以上の育児休業取得」が要件に定められていた。**今後「14日」というのは一つの基準になっていくと思われる。**

これまでは取得率の公表など含め、大企業を中心とした施策が多かったが、今後は中小企業にも大企業と同様の水準が要求されるようになることが予想される。働き方改革関連法においても、時間外労働時間や割増賃金率について、大企業から義務化がスタートしたものの、その後、中小企業も義務化されている。

実際に、政府は男性育休取得率の目標値を「2025年までに30％」と設定しているが、従業員数を見ると、大企業に勤めるのは全雇用者の30％のみ、中規模事業者が47％を占め、残る23%が小規模事業者であることから、大企業のみではこの目標は達成できない。つまり**今後、男性育休関連の取り組みが中小企業に広がるのは明らかだ**。むしろ2022年から中小企業に対して、育休取得率が上昇した場合の助成（出生時両立支援コース 第2種）が新設され、「育児休業等支援コース」として代替要員支援なども行われている。もはや大企業の育休は義務付けもあり、「やらなければマイナス」のステージに突入しているが、中小企業ではまだ「やればプラス」という状態だ。助成金などもいつかは打ち切られることを考えれば、中小企業でも今取り組むのが得策と言える。実際に国家公務員では2021年度の男性育休取得率は62・9％（人事院発表）であり、大企業も取得率公表を控えた2022年度の育休取得率は高まることが予想されている。

●新卒・求職者の変化

新卒・求職者の意識変化も企業の動きを大きく変えている。「男性育休白書2021」によれば、**就活層の育休取得意欲は95%**にも達する。特に「男性の育休制度が就活に影響する」と答えたのは男性で56・5%、女性では43・5%。「男性の育休制度注力企業を選びたい」と答えたのは男性で77・5%、女性で70・0%であり、就活層が就職先を選ぶにあたり、重視されているのがうかがえる。

無論、女性からの視線も厳しい。2022年の日経新聞の調査で「女性活躍が見込めないと感じ、選考辞退をした」理由のトップが「産後働き続けている女性が少ない」で4割を占めたことを考えれば、明らかに妊娠・出産でのキャリア中断は今の就活女性に敬遠されていると言えるだろう。

育児に伴うキャリア中断は、今では男女双方から注目されている問題だ。「女性が結婚・出産で退職するのは当たり前」「男性の育休なんて」と言っている企業は、就活層から選ばれなくなる可能性が高い。

もう1つ、重要なデータを紹介したい。「女性の人口移動」だ。

2021年の人口移動を見ると、37道府県で人口の転出超過が起きており、うち30道府県では女性のほうが多い。平均すると女性が男性の1・36倍転出しているのである。これらの流入先はほとんどが東京圏（東京・千葉・埼玉・神奈川）と大阪府・福岡県などの大都市圏で、しかも女性の転出はほとんどが18～24歳に集中しているのである。[*1] 現在の女性の平均初婚年齢が29・6歳、平均初産年齢が31・2歳であることを考えると、その前の就学・就職段階でかなり多くの人口が流出し、かつ戻ってきていないことが示されている。

流入先の都道府県の1つの特徴は、大企業数が多いことだ。東京圏で半数を占め、地方大都市も合わせれば7割を超える。女性正社員比率も大企業で高い傾向[*2]がある。つまり女性の就職先は都会の大企業が割合として多く、中小企業が中心の地方では少ない、もしくは就職を希望していないということが言える。しかし2022年3月に行われた大学生の就職意向調査[*3]については、地元での就職を希望する割合は62・6%に達している。ここにも**「希望と実態のズレ」**がある。

地元で就職したいが、都会で就職する。その背景に、「その先の結婚・育児を見据えたキャリアパス」があるのは疑いようがないだろう。例えば女性活躍推進に取り組んでいる企業を示す「えるぼし認定」では、従業員301人以上の企業が59%を占め、都道府県別に見ても取得企業の50%が東京都、先程の女性流入地域では67%を占める（2022年9月末時点）。また男性育休に取り組む「くるみんマーク」についても、認定回数の40%を東京都、53%を女性流入地域が占める。それぞれの地域の企業数からみても圧倒的に偏っており、明らかにこれらの取り組みで大企業と中小企業、もしくは東京圏や大都市と他の地域で差がついているのは事実だ。

地方から女性が過剰に流出すれば、当然結婚数・出生数は低下する。**男性育休や女性活躍は、もはや地方の存続にも関わる問題**である。

●企業のホンネ

国も、就活層も、「男性育休」に注目している。企業にとってはかなり厳しい状況であるが、これはこのたびの法改正に合わせた傾向ばかりではない。以前から就活層の育休取得意向はそれなりに高かったであろうし、国の政策は数年前には動きが分かっていたはずである。しかし2021年度の男性育休取得率は13・97%と、なかなか進んでいない。

企業が男性育休に対して相当ネガティブなのであれば納得もいくが、様々な方に話を聞く限り、「推進したほうがいいことは分かっている」という答えが返ってくる。なぜ進まないのだろうか。

少し古いデータではあるが、2013年の厚労省調査[*4]の結果が参考になる。

企業が「男性育休の対応を進めていく上での課題」として挙げた回答の上位2つが**「代替要員の確保」「業務内容により制度の利用しやすさに格差が生じる」**であり、これは「育児参加を促す取り組みを行っているor行っていない」「会社規模が101人以上か未満か」という分類にかかわらず同じだった。しかし、男性育休を取得した社員の「周囲の社員」に対して、「同僚の制度利用により、自分の仕事に影響があったか」という問いについては、54・6％が「影響はまったくない」と答えている。

つまり**企業は「人がいない」と言っているが、現場では「影響はない」と答えている**ということだ。

これはどちらが先かは難しい問題である。多くの企業が代替人員に困る反面、育休取得者がいる職場では周囲は思ったほど影響を感じていない、杞憂であると考えることもできる。しかしそもそも余裕がある企業だから男性育休が取得でき、周囲も仕事が増えていないと考えることもできる。「周囲が育休を取ること」への不満が高い場合には、無理に推進すればリスクも高いと思われる。

結局は、「人」なのである。確かに「安定した労働力」を確保するという話であれば、「若い女性は妊娠して抜けられると困るから採用しない」「男性の育休も困る」となってしまう。これは企業全体としてであれば大問題だが、もっとミニマムに、部署単位でも同じことが起きうる。**多くの場所で人材・代替要員の問題が育休に大きな影を落としている**のは間違いないようだ。

「育児経験なし」の男性が作ってきた働き方の矛盾

ここまで企業を取り巻く状況と、企業のホンネを整理してみたが、なぜ企業はこれほどまでに「育児・育休」分野の施策を苦手とするのだろうか。実は育児育休だけではない。筆者が多く関わっている「女性の健康経営」でも同じことが言える。よく**経営者・管理層から相談される悩みが、「何をやったらいいのか分からない」**であるし、アンケート[*5]でも**「管理職が会社に求めるサポート」の第1位が、「専門家への相談窓口」**になっている。

「何をやったらいいのか分からない」――ここにも、第3章で触れた「知識なし・経験なし・支援なし」の問題が存在しているのではないか。

日本では「女性管理職の割合が低い」とよく言われる。帝国データバンクの調査[*6]によれば、

2022年でも女性管理職の割合は平均9・4％、なんと45％もの企業で女性管理職が不在となっている。つまり意思決定層に女性がいない。「男性育休取得経験者」についてはデータがないが、10年前の取得率は2％以下であったことから、今の意思決定層にいる可能性は低いだろう。

つまり、**意思決定層がそもそも「育児をしていない男性」の集合体**なのである。自分たちがまさに「就労男性＋専業主婦」の組み合わせで育児をしてきており、高度経済成長期に作られた男性中心社会に適合して昇進しているのだから、当然「女性活躍」も「男性育児・育休」も経験がない。

そして第3章で紹介したように、女性の身体や妊娠・出産に関する教育を受けていないのだから、知識もない。女性の健康経営に関する調査で、[*7]「月経に関する経済損失」など、女性の健康課題について70％以上の管理職が知らなかったというデータも有名だが、経済損失以前に、そもそも女性の月経に関する理解すら不十分なのだ。

これまで育児負担が女性に課せられていたのであるから、男性育児も含め、育休に関する課題の解決には女性の見地が必要だろう。しかし実態として、意思決定層に当事者も女性もいないのだから、「何をやったらいいのか分からない」のも当然だろう。

本項ではこのような実態の結果として、なぜ日本企業で「男性の育児・育休」が進まないのかを、事例も含めて考えていく。

●「男女平等」というまやかし

日本の企業の女性活躍でよく言われる「男女平等」。これを「まやかし」と全否定するのは、まさにこの育児分野における状況を反映しているからだ。これまで掲載してきたデータや実情を見れば、どれだけ**女性に育児負担が「無意識のうちに」課せられてきたか**が理解できる。一部を再度紹介していこう。

第2章で述べたように、女性の社会参画が伸びた背景には、「男性の雇用の不安定化」があった。これにより、「女は家庭、男は仕事」から**「女は家庭＋仕事、男は仕事」という不公平な分担**を生んだ。結果として女性の労働時間は短く、賃金も低く、育休取得率は高く、非正規雇用率も高いという状況を生んだ。逆に考えれば、「男性は長時間労働で会社を支えるのが当たり前」、つまり「男性の労働時間は長く、賃金は残業に支えられて高く、育休も有給も取れず、非正規雇用になれば更に劣悪」という状況を生んだとも言える。

すべてが「労働起点」なのである。女性の労働力を増やしたが、男性の労働力を減らすという観点はない。女性は「中途半端な労働力」だから、男性には「完璧な労働力」であってもらわねば困る。育児をしても良いが、仕事は残業も含めきっちりやってもらわねばならない。しかし、第２章で研究結果を引用して指摘したように、**「仕事関連時間を減らす」ということがなければ育児参画時間は増えない。**打出の小槌はないのだ。

女性は元から育児時間をある程度確保しなければならず、労働時間も少なかった。男女雇用機会均等法以前は労働時間制限が法的に設けられていたくらいであり、長時間労働の戦力として期待されていなかった。だから女性の労働時間を「増やす」のは諦めればいい。妊娠前は男性と同様に働いてもらうのもありだが、結婚や出産・育児をしたら時短勤務を「活用」して働いてもらったり、一度退職してもらったりしても構わない。その代わりに「長期育成する労働力」としては期待しない。つまり女性の労働への期待は「低コストな労働者」であった。

結果として、少子化は止まらなかった。女性のワンオペ育児が問題になり、産後うつに自殺まで社会問題になってしまった。そのため、さすがに男性にも育児をしてもらうしかない。だから「男性の育児・育休を推進」している。これが日本の現状だ。

これだけ**男性と女性の社会・育児参画には差がある**。この前提を無視して、「男女平等」は本当に成立するのだろうか？　これだけの足枷をかけられていながら、同じ土俵で戦うのが正解なのか？

戦後数十年にわたって固められてきたこの前提を崩すのには時間がかかる。男女雇用機会均等法ができてから既に30年以上が経過したが、未だに「男女平等」が実現できていないのだから、この考え方の問題は明らかだろう。

同じことが「育児」でも言える。「男性が育児をする」という前提そのものが未だにメジャーにはなっていない。その上で、「育休の取得有無」は「平等に扱う」といっても、本当に平等になるだろうか？　育休を取れば、その後には育児が待っている。お迎えで時間制限ができたり、子どもの体調不良時の緊急対応もしたりしなければならない。会社からすれば、明らかに純粋な「労働者」としてみた場合の使い勝手は悪い。

例として、ある3人の30歳・男性の労働者を見てみよう。

Aさんは未婚で、子どももいない。

Bさんは既婚で、1歳の子どもがいるが、妻は専業主婦で、子育てのほとんどを担っている。

Cさんは既婚で、1歳の子どもがおり、共働きで子育てをしている。

「育休の取得の有無で評価を分けない」とすれば、AさんとB・Cさんの評価差はなくなる。育休も取得しやすくなる。ここでBさんもCさんも育休を2か月取得したとする。Bさんは復帰後、また以前のようにフルタイム＋残業も含め働ける可能性がある。時々子どもの行事などは入るが、平日は仕事に専念できる状態だ。Cさんは子どものお迎えなども担当しており、フレックスタイムなどを活用して働いているが、少なくとも以前ようには残業ができない。明らかにCさんは労務提供の量が減るだろう。

これで「平等」に成果を評価したらどうなるだろうか。もちろんいろいろな要素があるが、単純化して「全員が同等の実力」だとすれば、集中して働けるA・Bさんが有利になる。同じ「子育て中の父親」というセクションでB・Cさんはくくられるが、そこには明らかな差がある。その上で「平等に評価」されるのであれば、「育児や介護をする場合は、昇進に影響する」というのとほぼ同義だろう。結果として、Cさんが評価を上げようと思えば、妻に時短勤務なり残業制限をしてもらい、ある程度働ける時間を確保する他ない。

もちろん社会全体として「育休は素晴らしい、男性も育児に参画すべき」という文化を作り、法律を作るのは重要だ。しかし「イクメン」出現からの10年以上、育休取得率が上がってこなかったのは、結果として現場では「育休を取れない」「暗黙の了解で不利になる」という認識があったからだろう。現に、筆者がヒアリングした「男性の長期育休取得者」の大半は、「社内でのキャリアが犠牲になったとしても、他で生きていく道がある」と腹を括っていた父親たちだった。**「マミートラック」も健在だが、「パピートラック」も存在**するのである。

結果として、仕事や通勤の時間を減らさずして、育児時間を確保する方法は、どこにも存在しない。「男女平等」「育休取得奨励」と言いつつ、取得すれば不利になるリスクは残り続けていた。「男女平等」「育休取得で差別はなし」というのは法律でも定められており、表立って行う企業はないはずだが、「文化」という面では残ってしまっていた。

「育休を取ったら不利になるかもしれない」のならば、誰も取らないのだ。

これは「キャリアを上り階段」のように捉えている日本企業の特徴でもある。新卒一括採用し、社内で人材育成を進め、社員が成果を出せば階段を上がらせる。ある年齢までは、「休みさえしなければ」職位や給与が自動的に上がる階段であることも少なくない（官公庁などが典型的だろう）。

しかし子育ての負荷は「上り階段」ではなく、どちらかというと「下り階段」だ。特に時間的な負荷の高さについて考えれば、妊娠・出産でいきなりヘリコプターで頂上に立ち、その後は子どもの成長につれ、徐々に負荷が減っていく。しかし今の「上り階段のキャリア」では、途中で「子育て下り階段」を下りるためにキャリアの階段をお休みすると、その後にキャリアで上れる階段は限られるか、なくなる。女性においては特にこれが顕著であり、まさに「マミートラック」と言われるゆえんだ。

終身雇用はもはや崩れたとも言われているが、雇用法制や判例は、未だに新卒一括採用～終身雇用の流れのままできている。圧倒的に厳しい解雇規制、長期雇用が有利になる退職金税制などが制度として色濃く残っている以上、画一的な「上り階段」のキャリアは今でも健在であり、育児のためのキャリア中断は不利になりやすい。

法律などによる構造的な格差は、企業レベルで対処できる問題ではない。絶対になくならない以上、企業がやるべきことは**「逆進的な対策」**ではないだろうか。

つまり「育休を取れば（暗に）不利」ではなく、「育休を取っても不利益がない」でもなく、**「育休を取るとむしろプラスである」**くらいまでしなければ本当に育休は進まない。

次項では、このような取り組みを実際に進めた事例、そして進めることによるメリットを紹介していく。

次世代の企業として変わるには

父親個人のみならず、企業も様々なしがらみにとらわれていることがご理解いただけたかと思う。「育児経験なしの男性」の集合体という画一的な状態で続いてきた企業が、変わるのはそう簡単ではない。更に中小企業などでは、経営層に多様な人材を登用する素地がないなど、そもそも人材が少ないという場合もある。実際に女性役職者が少ない企業において、理由として挙げられているのが「採用の時点で女性がいない」「必要な経験や年数を満たす女性がいない」「女性のほとんどが役職者になる前に退職する」が上位を占める。*8

つまり、多くの企業で**「現在の意思決定層だけでどうにかできる問題ではない」**のだ。現時点で意思決定層にも、候補になるレベルにも女性が多くはない以上、現在の意思決定体制のままで「育児・育休」や「女性活躍」を進めるのは難しいのである。

だからこそ、この育休の問題に取り組もうと思うのであれば、抜本的な意思決定方法の改革が必要になる。もちろん、いきなり会社の構造そのものを変えるのは無理があるだろうから、「男性の育児・育休」に限った取り組み事例を通じて、今後の方策について考えていく。

●そこに「育児をする父親」「母親」の視点はあるか？

「育児支援」を「育児世代不在」で考えるのはもはや無理がある。しかし今の意思決定層に、「育児をした男性」は少ない。そこで一つの解決策になるのが、**「経験者である担当者に強い権限を持たせる」**という方法だ。その事例を紹介する。

ある中規模のＩＴ企業では、業種柄男性が８割と多く、女性はバックオフィス部門やデザイン部門での仕事が中心となっていた。特にエンジニアの長時間労働が常態化していたが、平均年齢は30代前半と若く、育児休業の取得も女性のみであり、男性で仕事と育児の両立の問題は「生じていない」とのことであった。

社長は特に男女比率に課題を感じており、女性の健康経営や育児支援にも興味を示していたが、知識も経験もない中、「何をやったらいいのか分からない」状況であった。社内も男性が多いため、どのような問題があるのか、女性を増やす意味があるのかも具体的に分析できなかった。

そのような中、他の経営者から以前に他社でダイバーシティ施策にも関わったことがある女性の紹介を受け、中途採用で人事部門に入ってもらうこととした。社長はこの女性に「人材の多様化や、ダイバーシティの推進」を進めるために何をやるべきかを尋ね、最初はアドバイスをもらいながら進めようとした。しかし社長が経営会議などでこのテーマを取り上げても、役員や管理者は「今そういう問題は起きていないので……」と問題を摑みきれていない様子だった。確かに社長自身も腑に落ちていなかった。「社会的課題でやらなくてはならない」と頭では分かっているつもりなのだが、自らの経験がないため、いまいちピンと来ず、まさに「自分の言葉」にならないのであった。

ここで社長は思い切った決断をする。人事の一担当者でしかないこの女性に、「ダイバーシティの実行責任者」の肩書きを与えた。実体験も経験もない自分ではできないのであれば、それがある人に任せるしかない、という判断であった。

彼女に実行責任者の職位を与えたことで、この分野においては人事部長や他の部署と横並びでの議論ができるようになった。裁量権を得た彼女は社員向けに実態調査を行い、「育休を取ろうか悩んでいたが言い出せなかった」といった男性社員の声や、「育児をしながらの働き方に適していない勤怠制度」を理由にやめていった女性社員がいたという声を集め、経営会議などで現状の分析と共に訴えた。**社長や役員が把握していなかった「リアルな声」「データ」を集め、見える化**したことで、社内での問題意識は明らかに変化し、その後全体を挙げて様々な施策が進んでいき、初の男性育休取得、女性社員率の上昇が進んだ。同時に社内でも「女性の声」が多くなったことにより、これまでになかった企画や戦略が出てきており、会社としての経営の多角化にも寄与したとこの社長は語る。

このような施策を打てば、当然長時間労働も問題に上がる。会社規模が拡大する中で適切な業務分担ができず、エンジニアや営業部門が、本来やるべきでない業務を抱えていたこともこの経過で判明した。以降、バックオフィスや他部門への適切な委譲やコミュニケーションの活性化を図った。結果として長時間労働も大きく改善され始め、長時間労働削減による人件費の減少と経営の多角化により、収益は大きく改善した。まさに**「男性中心企業」から**

の脱却を果たしたのである。

先程指摘したように、今の日本企業で意思決定層に女性、特に育児中の女性が入るのはまだまだ困難である。これまで男性中心の企業として成立していた場合、女性のキャリアコースは途絶えており、いきなり女性管理職などを増やそうにも、そこに該当するような女性社員がいない場合も少なくない。そうなれば、意思決定層自らの力で変えるのはほぼ不可能である。

これは当然、男性育児でも同じことが言える。10年前まで男性育休取得率が2%前後を推移していた日本で、いきなり意思決定層に男性育休を「知っている・経験している」人が入る可能性はそう高くない。本気でこのような方策を進めたいのであれば、経験のある社員を活かし、意思決定を多様化するほかない。無論、若年層～中堅層に大きな権限を与えるには、相応の人材を選ぶ必要がある。しかしこれは育児・育休に限った話ではない。特に**先端分野の優秀な人材は若年層に偏る**。裁量権を持つ層の知識・経験はもはや一世代前の成功モデルであり、世の中の移り変わりが加速して〝VUCA〈Volatility（変動性）、Uncertainty（不確実性）、Complexity（複雑性）、Ambiguity（曖昧性）の頭文字からつくった言葉〉〟とも言われる現代において、**「企業に長期間いないと裁量権が持てない」という構造そのものが時代から取り残される要因になる**のではないだろうか。

●「育休」「女性」で思考停止していないか？

もう１つ、興味深い理由で育休取得が進んだ事例を紹介したい。

「ダブルケアラー」という言葉をご存知だろうか。子育てと介護を同時に担うことを指す言葉だ。平均初産年齢が上昇している現代、35歳での初産が２世代続けば、第一子出産時に祖父母は70歳ということになる。初産年齢が高ければ子どもの数も少なく、１人で親の介護と子育てを両立しなければならない可能性が高くなり、働き盛りの30～40代が直面する例が多い*9。ここでは、ある企業の役員がダブルケアラーになってしまった事例を紹介する。

将来を嘱望されていた40代の役員は、子どもが５歳と２歳の時に実父の認知症が発覚した。介護が必要になったという。本人に兄弟はおらず、子育ても介護も担うほかなくなってしまった。それまでその役員は育休も取得せず、子育ては専業主婦となった妻が担っていたが、実親の介護を妻にすべて任せることもできず、また「５歳と２歳の育児と介護は両立できない」と妻に言われたことを機に、介護についても真剣に考えることとなった。

金銭負担も生じるため、仕事は続けざるを得ない。しかし、実父をすぐに施設に入れるのも難しく、初期の認知症では介護サービスも十分には使えない。実母の意向もあり居宅介護とするが、認知症の進行は早く、仕事と介護の両立がかなり難しい状況となっていった。本人は転職や職位を下げることも考えていたという。

社長は思い切ってこの役員に、職位を維持したまま、時短勤務や介護休業を取得してはどうかと提案した。実は社長の親も施設に入所しており、妻が多くの手続きを担ってくれたものの、その大変さなどを理解していた。だから育児と重なれば、今の勤務体制が難しいことも理解できたのだ。

実は**今の意思決定層にとって、「育児」より近しい問題は「介護」**である。確かに施設介護などの選択肢もあるが、施設介護の入居待ちも社会問題になっており、やむなく居宅介護を選択しなければならないことも増えている。この状況では労働量に当然限りが出てくる。また、介護は長期間継続しても、負荷が減っていく見込みはない。育児の時間は成長と共に減少傾向になるが、介護はむしろ増大することも多い。

つまり今後、社会構造の変化により生じる問題は、決して「男性の育児」だけではないのだ。様々な事情により定期的に通院したり、休んだりしなければならない社員は出てくる。**育児・介護など関係なく、「プライベートと仕事の両立」を行える環境**が重要になってくるのである。

「育休」「女性」というと、壮年の男性には遠い問題であり、なかなか課題として取り組みにくい。またこれらを前に出しすぎると、対象外となる男性や独身層には不満を持たれる、という声もよく聞かれる。

しかし、このような「多様性」を受け入れ、それぞれが働けるシステムを構築していくことは、結果として他の困りごとを抱えている人も救うことになる。むしろ「女性」「育休」に限定するのではなく、広く**「体調不良」「人の世話」というカテゴリーで見れば、問題がより具体的に見えてくる**のではないだろうか。

「女性の健康経営」でもよく同じ話をする。「女性の月経に伴う社会損失」と言うといまいちピンと来ないが、「頭痛」や「腰痛」、「アレルギー」と言うと想像しやすい。実は月経困難症は女性の25％、片頭痛は男女人口の５～10％と、悩んでいる総数はそう変わらない。このような「出勤はしているが、生産性が下がっている」状態を「プレゼンティズム」と言うが、どうしても可視化しにくい問題であり、対応が遅れている。

●女性に何かを求める前に、男性が変わること

ここで挙げたのは社内での実例であるが、まさにこのような問題を外から支援するという役割は、筆者が産業医や企業のアドバイザー・研修担当として担っていることでもある。

「女性だけで女性の活躍は成立しない」

これは筆者がよく講演や研修で話していることだ。当たり前のようで、突き詰めると深い問題である。

「男女平等」というと北欧や欧米などが事例として挙げられることが多い。現在、男女平等が進んでいる国では「実力主義」が語られることは多いが、それは「実力主義でも戦える文化・制度ができている」からであり、その前には必ず**アファーマティブ・アクション（積極的差別是正措置）**があった。例えばジェンダーギャップ指数ランキングで長期にわたり1位を獲得しているアイスランドでは、1975年のストライキを機に、1980年に女性大統領の選出、そしてその後も女性の雇用割合や賃金に関する法律が施行され、積極的に是正が

進んでいった。その結果としてジェンダーバイアスが教育され、「男女平等」が普遍的になっていった。

そもそも日本では、**女性の社会進出に男性の育児進出の遅れが大きくブレーキをかけているる**のは事実だろう。女性「だけに」社会参画を求めた結果が、先程から紹介しているワンオペ育児の結末である。明らかに女性の社会進出が不利であるならば、それを有利にする施策を様々なところで行って初めて「男女平等」に近づくと言えるのである。

そして現在の日本が未だに「男性中心社会」であるならば、これを変えるためには**女性や育児参画に対するアファーマティブ・アクションが必要**ではないだろうか。

よく「アファーマティブ・アクション」は、対象でない大勢が不利になる施策と取られることがある。しかしアファーマティブ・アクションの真の目的は「機会平等の実現」であり、「能力的な評価を曲げる」ということではない。

今の日本の状態で「育児に関わる」ということは、「時間の制約が生じる」という仕事上の「機会損失」になっている。たとえ実力があったとしても、育児参加により「不十分な働き方」をすれば正当に評価されにくくなるということだ。この裏には「長時間の労働ができること」が「十分な働き方」として評価されているという事実がある。この「長時間労働の評価」という「機会の不平等」を修正するために、育児などによる時間の制約に対し、意図的に評価を加えるということがアファーマティブ・アクションの本質だ。

つまりアファーマティブ・アクションを行わないということは、「画一的な人材しか評価しない」ということなのである。現在の「男性中心社会」は「育児に関わっていない男性」という画一的な人材で作られたものであるのだから、「育児に関わる男女」という人材を積極的に評価するアファーマティブ・アクションが必要なことは、ご理解いただけるだろう。

男性育休は「これまで女性が担ってきたものを、男性が自分ごととして考える」という数少ない機会とも言える。男性対女性という構図になると、フェミニズムやミソジニーといった問題になりやすく、なかなか浸透してこなかった背景がある。だからこそ、「男性自身の問題」とも言えるこの「男性育休」を機に、育児負担を通じて、「真の平等」を達成するためには何が必要か考えてみてほしい。

男性育休は、日本の企業が「多様性を持った成長」を継続できる、最後の機会なのかもしれない、筆者はそのように感じている。

男性育休を、チャンスとして捉える

ここまで、企業にとって「ネガティブをなくす」という軸で男性育休について語ってきたが、若い世代としては「ポジティブを増やす」という軸でも見ていただきたいと思っている。他書でもこの点については多く言及されているため、今回は要点のみに留めるが、様々な面から制度的な検討を積み重ねてみてほしい。

まず、「スキル」という面では、育児はマネジメントにも結びつく。

育児は圧倒的なマルチタスクとの戦いだ。長期育休を取った男性から聞かれる面白い声が、「仕事のほうがむしろ楽だった」というものだ。もちろん多様な考え方があり、一概に言えるものではないとは思うが、この理由として「自分の意思である程度離れることができる」「時間のコントロールができる」「タスクを順次に処理できる」というものが挙がったのは興味深い。つまり育児は、マルチタスク処理を要求され、かつそれから自主的に離れることができないものなのである。

実際に、育児に携わると男女共にポジティブな影響があることは『育児は仕事の役に立つ「ワンオペ育児」から「チーム育児」へ』[*10]という本でも触れられている。データを積み上げて分析されているので、興味のある方は読んでほしい。

またシンプルに、人材獲得という面でも今後この問題は避けて通れない。**スキルの高度化に伴うキャリアの多様化は今後ますます進んでいく**。優秀な人材を手に入れるためには、新卒採用から育成するのみでなく、中途採用市場で魅力のある会社になることが求められているのは言うまでもないだろう。

中途採用であれば当然、育児中である人の比率も増える。その中で、育児に適した環境でない企業がどれだけ人材を集めることができるだろうか。もちろん、育児休業や介護休業などは「マイナスな選択肢」であり、労務提供のみを判断基準とする「マッチョな」経営もナシではない。しかし多様化が進み、人材の流動化が進む中で、真に優秀な人材がそのような会社に属するか、また継続して貢献してくれるかは、甚だ疑問である。

また企業からすれば、顧客を増やす意味でも企業内の人材が多様化することにはメリットがある。育児関連の企業のマーケティング対象が女性に偏っていることはご紹介した。一方で、男性中心のマーケティングや、育児を含めた多様な観点からのサービス／商品開発・提供はほとんどない。「育児をしていない男性の集合体」から、革新的な製品は生まれないだろう。女性の活躍推進に取り組む企業のほうが株式市場の評価が高い[*11]というデータもあり、このような側面を反映している可能性もある。

この「気づけない、当たり前となっていること」を**アンコンシャス・バイアス**（無意識の差別）と呼んだりするが、視点を増やすには人材の多様化を進めるほかない。

育休取得が進んだり、多様性を増したりすることは、短期的には負の影響を強く受ける可能性がある。しかし、長期的に見た時には多くが成長に結びつくはずなので、ぜひ前向きに取り組んでほしい。

[注]

1　ニッセイ基礎研究所、「２０２１年　都道府県・人口動態解説（下）－男女移動純減差が示す「ニッポン労働市場の大きな課題」」、2022/08/01　https://www.nli-research.co.jp/report/detail/id=71919?site=nli

2　ＨＲ総研、「多様な働き方実施状況に関するアンケート　結果報告女性活躍推進、外国人

採用」、2021/7/1
3 株式会社マイナビ、「２０２３年卒大学生Ｕターン・地元就職に関する調査」、2022/5/11
https://career-research.mynavi.jp/reserch/20220511_27878/
4 厚生労働省、「平成25年度育児休業制度等に関する実態把握のための調査研究事業報告書」、2014/6
5 経済産業省ヘルスケア産業課、「健康経営における女性の健康の取り組みについて」、2019/3
6 帝国データバンク、「女性登用に対する企業の意識調査（２０２２年）」、2022/8/30
https://www.tdb.co.jp/report/watching/press/p220813.html
7 バイエル薬品、「日本人女性における月経随伴症状に起因する日常生活への負担と社会経済的負担に関する研究結果」、2013/9/10
8 独立行政法人 労働政策研究・研修機構、「男女正社員のキャリアと両立支援に関する調査」結果、2013/3/12
9 内閣府男女共同参画局、「育児と介護のダブルケアの実態に関する調査」、2016/4
10 浜屋祐子、中原淳、『育児は仕事の役に立つ 「ワンオペ育児」から「チーム育児」へ』、光文社新書、2017/3/16
11 Catalyst, "The Bottom Line : Corporate Performance and Women's Representation on Boards", 2007.

第5章

苦しみ、追い込まれる前にできる、父親の心得

第1〜3章で、現代の「男性育児」の原因・構造的問題について言及し、男性の育児を困難にする「社会システム」や「支援」の問題を指摘してきた。それでは、父親個人にできる対策はないのかと言うと、決してそんなことはない。

しかし、まだまだ制度も文化も「父親は仕事（＋育児）、母親は育児・家事＋仕事」となっている中で、「当たり前に育児」をしていくのは決して簡単なことではない。

本章では、これからの父親のスタイルが「どうあるべき」なのか、産婦人科医・産業医として見てきた現状から、私見をまとめていきたいと思う。

「父親3・0」＝「誰でもなれる、父親のスタイル」

筆者が代表理事を務める「Daddy Support協会」では、父親の時代推移を「父親1・0、2・0、3・0」と3つに分けて整理し、**「これからの男性育児の一つの形」**として**「父親3・0（とうさん）」**を提唱している。1・0〜3・0の流れはそれぞれ「昭和型企業戦士」→「イクメン」→「分散型育児」となるが、その詳細をこれから紹介していく。

「父親1・0」はまさに**「昭和型企業戦士」**が該当する。これまで指摘してきたように、高度経済成長に伴って成立した「男性は仕事、女性は育児」「結婚／出産したら女性は退職」という文化における父親像である。育児は基本的に母親が行うため、父親としての役割は「子どものしつけ」「大黒柱」としての要素が大きく、「外で稼ぐ」ことが第一義とされていた。主に共働き率が50％以下であった、1990年代前半までの家庭文化を指し、男性の育児休業についても法制化されていなかった時代である。特に現在の育児世代の両親（主に50代以上）がこの世代に該当する。

「父親2・0」は**「イクメン」**が該当する。少子化や女性の社会進出に伴い、男性の育児参画の必要性が叫ばれる中で出てきた「男性の育児は素晴らしい」とする文化における父親像である。典型的なのが、まさに「父親1・0＝昭和型企業戦士」の裏返しとも言える「母親化した父親」だ。つまり仕事はある程度こなしつつ、平日の育児分担から休日の遊びまで、育児にかなりコミットをする父親像である。共働き率が上昇する2000年代から出現し、2010年の「イクメン」ブームで脚光を浴びたが、男女双方から「イクメン嫌い」という認識を逆に生み出してしまった現実は第2章で指摘した通りだ。10年前～現在の父親世代の一部が該当する。

この「父親1・0」「父親2・0」を受け、現代の**「父親の育児が一般化」**する流れで重要になるのが**「父親3・0」**だと考えている。「父親3・0」はこのような「過度のイクメン像」から脱却し、共働きを基本として、**「誰もが（父親も母親も）育児と仕事を両立」**するというスタイルだ。父母ともに育児の基本的な知識やスキルを備え、適切な育児関与はできるものの、その関与の度合いや夫婦分担はそれぞれの合意の上でフレキシブルに定められるのがこの世代の特徴である。夫婦の環境によっては、外的支援を得て育児の負担を減らしたり、逆に一定の期間は集中的に育児に関与したりするなど、まさに「多様な育児」が可能になる。つまり母親のみ、夫婦のみで育児を分担するのではなく、**「分散型育児」**とも呼ぶべき、今後の時代における父親像と定義したい。

なぜここで敢えて、「父親3・0」と定義するか、そこには2つの理由がある。

1つは**「イクメン」の悪しき変化に対するアンチテーゼ**である。第2章で「育児を楽しむ男性＝イクメン」であったはずが、いつしか過度の期待を抱え「育児も家事もでき、高収入の男性」を指すようになった結果、否定的な認識が増えてしまっていることは触れた。確かにイクメンブームによって、男性の育児が社会で受け入れられるようになった。さすがに今では「男が育児するとかありえない」という意見は主流ではなく、もしも、このような言葉を上司が部下に言えばハラスメントになりかねない。この文化ができたのは、まさにイクメンブームの成果である。

しかしこれまで述べているように、その支援体制や文化構築はまだまだ不十分であり、今の時点で「男性の育児」に対する標語が何もなくても、自然に広まる状態とは言い難い。その中で「新時代の父親がどうあるべきか」を表す1つの言葉として、敢えて「父親3・0」と名付けてみた。

もう1つは**「分散型」ということへの意識**だ。語源となった「web3・0」は、これまでのGAFAMなどによる「集中情報管理」であったインターネット体制に対し、「分散型システム」としてブロックチェーンなどを活用した、権限分散型のインターネット世界を指している。またその前の「web2・0」が2000年代中頃から広まったと言われるのも、まさに「イクメン」が同じ時代から広まった父親に重なる。

そして今の時代に目指すべき育児像も、先程紹介したように「分散型」だ。家業を中心とした高度経済成長期以前の育児体制は「共同体育児」が当たり前であり、むしろ母親は育児の主体ですらなかった。その後、育児は一度**母親に集中**し、ワンオペ育児の困難や少子化を受けて、次は父親を育児戦力とすることで、**両親に集中**させようとしている。しかしこれこそが危険な流れなのである。

「父母が両方とも家業を中心にやっている」というかつての体制は、当然父母以外の育児戦力（祖父母や使用人）がいたから成立していた。しかし今の時代、地域共同体は激減し、多くの夫婦が孤立して育児を担っている。**現代で「共働き夫婦」が「夫婦2人だけで育児」というのも困難**な話であろう。だからこそ、社会システムとして**「共同体の再現」**が必要であり、父母は積極的に外の支援を利用する必要がある。その意味で「分散型育児」として、「父親3・0」と定義した。

つまり**「父親3・0」とは、「（特別ではなく）当たり前に育児をする父親世代」**という意味と、**「分散型育児」＝「共同体育児を社会で担う」**という意味を含んでいる。

この「父親3・0」を実現するために必要なのが、第3章までで指摘してきた**「教育・経験・支援」**だ。しかし、子どもの総数自体が減る中、現代の環境で経験を得るのは簡単な話ではない。経験を増やす取り組みも増えてはいるが、重要なのは「教育」と「支援」だ。

この教育や支援で行政・企業などがどうするべきかは第4章で触れた。そもそも「父親を育児に参画させれば解決する」という考え方自体が危うく、**男性に育児を、女性に社会進出を、というのであれば、相応の支援や制度が必要**なのである。

ただもちろん、父親自身が変わらなければそれも意味がないし、このような時代だからこそ、父親個人には「自分を追い込まずに育児を楽しむ」ために必要な考え方・知識を身につけてほしいと思っている。

ここからはその「考え方・知識」について、「父親3・0」に絡めて整理していく。

「100点のお父さん」より「危なくないお父さん」

筆者はこれからお父さんになる方たちに、次の3点を伝えている。

①知識があると「対処」ができて、「危なくない父親」になれる
②目線が合うと「共有」ができて、「頼れる父親」になれる
③考え方が共有できると「共感」もできて、「(共に育児をする)パートナー」になれる

これは仕事であっても同じではないだろうか。仕事を遂行するのに十分な知識がなければ、取り返しのつかないミスをしたり、重要なところを取りこぼしたりしてしまう。ある程度の知識を持ち、「危なくない仕事」をしてもらわないことには、部下として任せることもできない。その次に、「どういう目標を持って進めているのか」という方針や全体感の共有ができ、一定のスキルがあれば、その人に安心して仕事を任せられる、つまり「頼れる」人になる。

最後に、自分と同様の状況・考え方を理解してくれれば、まさに「阿吽《あうん》の呼吸」となり、仕事においても無二のパートナーとなるだろう。このことは経営者のみならずどのような立場の会社人でも、ご共感いただけると思う。

夫婦の育児でも同じなのだ。3つ目の「共感」「パートナー」を目指すのはそう簡単なことではない。しかしなぜか、育児や夫婦関係となると、この最初の「知識」や「目線」をすっ飛ばして、「パートナーなのだから何も言わなくてもできる」と考えてしまう人、更にはすべてすっ飛ばして「親として完璧であらねば」という人が増えてしまう。これは夫婦関係においても、育児方法についても、自分の構え方についても、すべてで言えることだ。

もちろん、子どもが学校の発表などで「１００点のお父さん！」と言ってくれれば嬉しいし、素直に喜べる。しかし**自分で「１００点であらねばならない」という思考を持つのは、自分を追い込む**原因になりかねない。何も最初から「すべてにおいて完璧」である必要はどこにもないし、そもそも「完璧な親」などいない。育児に「正解」などないのだから、完璧というものの定義すらできないのだ。

だから改めて伝えたいが、**まずは「危なくない」親であればいい**。これは別に父親に限ったことではなく、夫婦で「危なくない育児」ができれば十分なのである。お互いに危険なく育児ができれば、多くの子どもはしっかり育っていく。その中で**親も成長**し、「頼れる親」になり、「育児のパートナー」となっていけばいい。

●なぜ「危なくない」から入るべきなのか

「父親３・０」の最初に、筆者はこの言葉を持ってきたのには、まさにこの「**パーフェクトな育児」こそ、父親を苦しめている「有害な男らしさ」の根源**だと考えているからだ。その思考の裏には、「父親として子どもをしっかりと導かねばならない」というような、いわゆる「強い背中を見せる」イメージがある。常に父親として完璧・模範的であれというのは、ともすれば「昭和型家父長」の文化とも言える。しかしこれが成立したのは、「父親は育児の主体にならなかった」からであり、自分自身が育児の主体になるならば、非常に危ない思考である。先程も述べたが、そもそも**育児は「理想通りにならない」**からだ。

第1章でも触れたが、基本的に子どもはコントロールできない。「考える」ということが始まるのが3歳頃と言われており、それまでは自分の欲求・快不快により行動している。アンガーマネジメントならぬ、「クライ（泣く）マネジメント」などしていない。お腹が空けば泣き、うんちでおむつが不快ならば泣き、眠くなれば寝る。言葉を話せるくらいに成長しても、見たものを反射的に口に出していたり、自分の欲求を伝えたりしているだけである。何でも口に入れてしまうのも同じだ。目の前にあるものが「食べられないかも」などと考えてはいないのである。

つまりどれだけ緻密に親が考えて計画したところで、理想を実現できるわけがないのだ。時々育児の「予定表」を作るような父親にも遭遇するが、3時間おきに授乳の予定を組んだところで、赤ちゃんがお腹が減っていないと感じていれば、どれだけ親が頑張っても飲まないのである。コントロールできないなら、無理に計画してコントロールしようとするのではなく、どうやってリスク回避をするかが仕事でも重要だろう。育児でも同じことである。

むしろ**あまりに理想が高いと、育児に関する様々な問題を引き起こす**。自分への理想が高すぎると、思いどおりに行かない育児が自分自身の否定につながる。まさに第3章で紹介した「自分を自分で否定的に捉えてうつになる」というパターンだが、メンタルヘルス不調を起こすほうが育児に悪影響である。パートナーへの理想が高ければ、妻に「育休中で仕事していないのに、なんで帰ってきたら家が散らかっているんだ」というような、モラル・ハラスメントをする父親になりかねない。子どもに対する理想が過度に高ければ、自分の思いどおりに動かそうとするあまり、虐待などの問題にもつながりうる。

同様に、完璧思考タイプの母親も育児には障害になりうる。些細なことも気になってしまい、父親の少し違う育児のやり方が気になって指摘してしまう、いわゆる「ガルガル期」に近いような状況も、完璧思考から生じやすい。

夫婦ともに、「これが絶対に良い、正解である」というような思考は危険。だからこそ、「危なくない育児」なのである。「絶対にクリアしなければ、赤ちゃんの成長や両親の生活に影響が出る」という最低のラインだけをクリアすればいいのだ。

２人目以降ならともかく、**１人目の出産時は、両親ともに「親０歳」**だ。残念なことに、育児スキルは生まれもって身についているものではなく、学習により身につける部分が大きい。子どもも親も初めてなのである。どんな仕事だって、最初から完璧にできる人はいないだろう。だからまず「上手くできないこと」を受け入れ、「子どものお世話がある程度できて、生活が回っていればＯＫ」と考えることが重要なのだ。

「パーフェクトな育児」から「危なくない育児」まで、だいぶラインを下げたように読者の皆様は感じるかもしれないが、この「危なくない育児」は決して簡単なことではない。**実際に「危ない育児」をしてしまい、育児に携わることを母親に拒否される父親は後を絶たない。**一度でも子どもを危険に晒してしまえば、「養育者」ではなく「加害者」として見られてしまう。故意でなかったとしても、取り返しがつかない。筆者も産婦人科医として、育児で子どもを危ない目に遭わせたり、妊娠中に妊婦にとってありえないと思われたりすることをしてしまい、育児などから排除された父親を多数見てきている。

しかし幸いなことに、**「危なくない育児」は経験がなくても知識でカバーできる。**決して学ぶことは多くないし、知っていれば防げることが大半だ。

例として、**赤ちゃんにおける「ＮＧ集」**を一部紹介しよう。

●強く揺さぶる

「揺さぶられっ子症候群」を起こす。生後６か月くらいまでがなりやすく、強く揺さぶられることで頭の血管が切れ、網膜や頭の中での出血を起こす。特に首が座っていない４か月頃までは注意が必要。「頭がガクガク揺れる」という動作がＮＧなので、「高い高い」なども危険。典型的なのは泣き止ませようと揺さぶりすぎるパターン。

●はちみつをあげる

「自然食品」として好まれるが、はちみつに含まれていることがある「ボツリヌス菌」に感染すると特に、１歳未満の赤ちゃんは命に関わることがある。

●粉ミルクを70℃以下で作る

サカザキ菌という菌が繁殖し、赤ちゃんに感染してしまうことがある。２時間以上経った作り置きは飲ませないのも重要。

●仰向け以外で寝かせる、毛布を使う

「乳幼児突然死症候群（ＳＩＤＳ）」のリスクが上がることが分かっている。赤ちゃんを寝かせる時には、仰向けで、毛布ではなくスリーパーを使用して。

●足を閉じた状態で固定する

「先天性股関節脱臼」の原因になる。おくるみなどでくるむ時は、股関節を開いた状態にするか、足に余裕があるものを使う。

その他にも、赤ちゃんの周囲で喫煙してはならない、窒息の原因になるものを周囲に置かない、なども重要だが、ここでは「良かれと思ってやってしまいがち」「知らないとやってしまいがち」なものを挙げた。

ここで挙げたものはすべて、赤ちゃんを死に至らしめたり、重大な後遺症を残したりしかねないものだ。こういった「やってはならない」ことを父親がやってしまうと、その時点で「危ない父親」となってしまい、到底母親は育児を任せられない。しかしこのような知識を系統的に得る場所は少なく、やってしまう父親は後を絶たない。

もちろんこのような知識は、育児に携わった父親であれば「常識」かもしれない。実際に、母親は専門職・親族からの伝聞や知恵としてこのような情報を得ている。育児に携われば、自然に学ぶことも増える。しかし男性は、この「経験」や「学習」の機会が非常に乏しい。

だからこそ「危なくない父親」になることが重要だということを強調しておきたい。

１００人の夫婦がいれば、その数だけ育児のやり方がある。それぞれの夫婦は違い、また子どもの個性も異なる。ゆえに**「成功パターン」はない。しかし、「やってはいけないこと＝失敗パターン」はある。**この失敗パターンを、まずはしっかり押さえてほしい。

ちなみに、完璧思考は育児情報でも随所で見られる。小さく、か弱い赤ちゃんを目の前にして、多くの親は「自分がしっかりしなければ」と感じる。確かに、赤ちゃんは放置すればすぐに死んでしまいかねない。人間の子どもは自立までかなりの期間がかかるし、それだけに「少しのミスも許されない」と感じてしまっている両親が多い。特に母親は、妊娠中からこのような思考にとらわれてしまいがちだ。そんな状態でこのような「細かい情報」にすべて対応していると、強迫観念となりかねない。

例えば「妊娠中に〇〇を食べると、赤ちゃんが〇〇アレルギーになる」だとか、「離乳食でアレルギーの原因になるようなものは除去する」といったような話はまさにこれに由来する。確かに食事に気を遣うのは大事なのだが、根本は「バランスよく食べる」であり、一部の感染性のあるものや、タバコ、アルコールなど有害なものが避けられていれば良い。むしろ特定の食材にこだわりを持ったり、除去したりするほうがバランスを崩しかねないし、食材除去（もしくは何かを積極的に摂取すること）がアレルギー予防に効果がないことは既に研究で示されている。

少し小麦を食べたからといって、アレルギーになることは考えにくい。しかし赤ちゃんに少しでもはちみつを食べさせてしまえば、重症のボツリヌス症になることがある。大事なのは「やってはならないこと」「失敗パターン」を心に留め置き、細かい育児情報に振り回されないことだ。

●「赤ちゃん中心」に「目線」を合わせる

「危なくない育児」の次にあるのが、「目線の共有」だ。知識を持てば、危険の少ない育児を行うことはできる。しかしお互いの大変さや辛さ、そして喜びを共有するためには、「同じ目線で育児に携わる」ことが必要だ。

よくこのことは、「父親としての考え方」や「父親ＯＳ」という風に言われる。育児をするようになったら、考え方そのものを変えなくてはならない、というものだが、そもそも考え方を変える前に知識がなければ変えられない。つわりのエピソードで紹介したが、良かれと思ったことが裏目に出ることもある。適切な知識があって初めて父は同じ土俵に上がり、母と同じ目線で育児について語り合うことができる。

そしてこの「目線」を言い換えると、第1章で紹介した**「子ども中心の考え方」**になるのである。妊婦は妊娠40週をかけて、「赤ちゃん中心の考え方」を身につけていく。赤ちゃんを中心にすべてが決まり、その生活は子どもがある程度成長するまで続く。しかし女性の妊娠中、男性に「赤ちゃん中心」をリアルに実感する期間はない。そのまま産後も「赤ちゃん中心」ではなく「自分や仕事中心」の思考でいると、母親と目線がずれていく。これこそが育児でよく生じている、**母親と父親の「認識の差」**と言われるものだ。

これまで育児の当事者は母親であり、父親は仕事をしながら育児をすることが多かった。どうしても育児においては二番手になりがちな父親が、育児について「目線を合わせられていない」＝「認識の差がある」と、母親の実感とは離れた意見や行為をしてしまう。第1章の父母の意見で紹介したすれ違いは、まさにここに該当する。赤ちゃん中心vs.自分中心、効率良い家事vs.こだわる家事など、細部まで言及すればきりがない。多くの場合、男性のほうが理想像を描きがちだ。実際に父親向けの育児情報や、伺ってきた様々な意見からは、「赤ちゃんがどうか」ではなく、「自分がどういう育児をすべきか・したいか」という語られ方が多いと感じる。

確かに育児は素晴らしいものだ。大人の1年の変化と、子どもの1年の成長は大きく異なり、そこを日々経験できることは何ものにも代えがたいだろう。しかし、その分様々な苦労や困難があることはこれまでに触れてきた通りだ。そして妊娠・出産・育児においては次々と色々な出来事が生じる。一つ問題が解決したと思ったら、複数の問題が発生する日々だ。だからこそ「こういう育児が良い」という「理想」ではなく、**「今の問題が何か」という「現実」**が重要である。

ではこの「目線」はどうやって合わせることができるのだろうか。もちろん、妊娠前から出産・育児まで積極的に関与すれば自然と身にはつくだろう。しかしこれをできない環境の方も多い。未だに男性のほうが平均賃金は高く、産休の有無も関わって育児の主体が母親にならざるを得ない家庭も少なくないだろう。そんな育休も十分な期間は取れず、主体的に育児をするのは難しいという方について、筆者は、**「妊娠中」と「最初の育休」にキーがある**

と考えている。

これまで述べてきたように、妊娠中は妊婦と夫は、「支援」の関係性にならざるを得ない。妊婦は身体的にも精神的にも大変な状況であり、生活も変化する「当事者」だ。対して夫は身体的な変化はほとんど自覚せず、生活の変化も少ない。しかし産後、**育児を始めると一気に「協働」の関係性になる**。母親も父親も子ども中心の生活に変化し、双方が「当事者」、まさに「両親」になるのである。つまり出産後は「父親も支援されるべき」であるが、**妊娠中においては、まず夫は「妊婦の最大の支援者」になる**のである。

「当事者と支援者」と「当事者同士」、関係性の構築がしやすいのは「当事者と支援者」ではないだろうか。当事者同士になるとお互いに色々な考えを持ち、ぶつかることも多くなる。しかし当事者と支援者であれば、まず支援者は当事者の問題点に寄り添うことが求められる。きちんと寄り添えば、対立構造にはなりにくく、信頼関係も作りやすい。

だからこそ、妊娠中に夫が「妊婦の支援者」として適切に振る舞えるかが、育児のスタートラインを大きく変える。適切な支援ができれば、妻からの信頼感も高く、かつ妊娠を通じて知識を得て、準備をした状態でスタートすることができるのだ。そしてそのスタートラインを「育休」を用いて共に渡ることで、第3章で触れたような「男性を育児から切り離す構図」に振り回されずに、「育児の当事者」として歩んでいくことができる。

これに関連して、第4章で「育休前後にもっと注目すべき」と述べた。男性が育児に参画するためには、**「妊娠40週の差」を埋めていかねばならない**。そのためには**「知識」**と**「経験」**、そして**「時間」**が必要であり、育休前の妊娠中・出産直後が非常に重要なのである。2022年の育児休業法改正による「産後パパ育休」の創設は、この点において非常に大きな意味を持つ。産まない父親の育休、つまり「男性版産休」があることは、この「目線合わせ」に必要不可欠なのだ。

そして本書では繰り返し論じているが、赤ちゃんが生まれると、父親は、**「支援する側」から「支援される側」になる**ということでもある。支援する側である間は、「妊婦のサポート」という考え方が重要だが、産後に「母親のサポートをする」という考え方をしてしまうのは、「当事者ではなく支援者として考えている」という主体性の無さとも取れるし、逆に「自分自身のケアに目が向いていない」という、「有害な男らしさ」の一端とも取れるだろう。

つまり「妊婦の支援」を通じて育児の当事者になる準備をする。同時に、今後当事者になるために、自分の環境を整え、支援を受けられる体制を構築することが、男性が妻の妊娠中にするべきことと言える。そして、この時期の「支援する人（妻が妊娠中の夫）」を周囲が支援するのも、親となるにあたって非常に重要だろう。

本項ではどのようにして「妊娠中の支援者」が妻と「目線合わせ」をしていくか、その具体的な方法を提案したい。

まずは前述したように、「妊娠中に支援者になる」ために重要なことを共有する。妊娠中に「危なくない夫」から「頼れる夫」になることで、妊娠中の「目線合わせ」と「危なくない育児」の土台ができる。

次に妊娠～育児中の父母の「睡眠」「食事」に着目し、妊婦・母親も父親も「辛い」と感じやすいポイントを整理する。これは双方の目線合わせの大きな手助けとなると同時に、お互いに身を守り、追い込まれないコツでもある。

最後に育児休業の意義について考え、まさに「男性育児時代」に適した育児休業の取り方について考えていきたい。

妊娠中の「支援をする」、同時に「支援を受ける準備をする」時期

ここまで整理してきたが、妻の40週の妊娠期間中、男性は身体の変化がないため、女性に比べて「赤ちゃん」を実感するのがどうしても遅くなる。だからこそ、目に見えず、なかなか感じることができない赤ちゃんより、まずは**「妊婦」にしっかり目を向ける**のが重要ではないだろうか。

しかし第1章でも触れたように、妊娠・出産の知識は日本では教えていない。改めて学ばなければならない。妊娠で何が大変なのか、どういうトラブルが起こりうるのか。まず「知識」として妊娠を知ったあとに、実際のリアルな経過を妻と共有し、**「お腹の子どもの成長」**と同時に、**「妻の身体の変化」を感じる**ことで、男性もリアルに赤ちゃんを感じることができるようになっていく。「赤ちゃん中心」で色々考えなければならない**母親と問題点を共有し、将来設計含め相談する**ことで、父親も「赤ちゃん中心」の思考になっていく。

このような知識を通じ、妊娠中の妊婦に対して「危なくない」夫になれば、その次に「同じ目線」で子どもや育児について話せるようになる。更には共有・共感することで、同じほ

うを向いて「パートナー」として育児をすることができる。まさに3ステップの最初、かつ肝要なところは「妊娠中」なのである。

●支援の第一歩は、「話を聞く」こと

そうはいっても、知識のない中で何からやればいいのか分からない方も多いだろう。そのような方はまず**「時間を取って夫婦で話をする」**ことから始めてほしい。後で紹介するが、その気になれば妊娠中に話すべきこと、考えることはいくらでもある。育児が始まれば子どもの世話に追われ、夫婦で腰を据えて話をすることすら難しくなる。妊娠中を「最後の2人の時間」と言って旅行に行く方はいても、「育児前の打ち合わせ」をする方は決して多くない（なお筆者は産婦人科医として、妊娠中の旅行、いわゆる「マタ旅」はお勧めしないことは申し添えておく）。

決して、「育休取るから、そこまではもっと仕事頑張ります！」などと言ってはならない。既に妻は妊娠している。身体は変化し始めている。その期間を共有できなければ、育児のスタートラインは父母で大きく異なるものになってしまう。男性にとって実感のない妊娠期間こそ、意図してそこに向き合う時間を作ることが大事だ。

この時間は妊娠が分かったらすぐに取ったほうがいい。もちろん、いきなり仕事を大きく減らすというのは難しい。収入も考えれば男性は仕事を続けることが基本になる。しかし、たとえ週1回であっても、2人で腰を据えて話し合う時間があれば、出産までに30回以上はこのような時間が持てる。**妊娠で多くの方が最初に経験する困りごとは「つわり」か「切迫流産（性器出血）」のどちらか**だ。これらは10週近くには出現し、妊婦によっては仕事を休むこともあるくらい大変だ。最初の困りごとを夫がサポートできるか、仕事ばかりで自分のことを考えてもらえないと思われるかでは、その後に大きな違いが生じるのは明らかだろう。

まずは**できる限り早く、妊婦の身体や妊娠そのもの、そして育児含めたライフプランを相談・共有する時間をしっかり取る**、これを実践してほしい。この時間は決して机に2人で向かい合って会議する時間でなくてもいい。近くのカフェでゆっくり話す時間でもいいし、身体が辛そうなら家で横になって話す時間でもいい。重要なのは形ではなく、「妊娠やこれからの育児に向き合う時間」をしっかり取ることである。

時間を取ったら、次はそこで何をすべきかについて考えていこう。

具体的な「話のタネ」になる素材は、次項にまとめた。ぜひここに書いてあることは妊娠期間中に2人で取り組んでいただきたい。ここではどういう考え方・捉え方で話をしていくかについて整理していく。

先ほどから「妊娠中の支援者としての父親」の話をしているが、支援の手始めは「話を聞く」こと、これは不変の鉄則であることを覚えておいてほしい。具体的に悩みを聞き出し、解決策を導く「会議」ではなく、まずは**相手の話を聞き、共感する「対話」**が重要だ。今何に困っているのか、どういうことが不安なのかをまずは聞いてほしい。

これは筆者が特に産業医という「支援者」の立場で実践していることでもある。産業医の仕事では多数の面談を行い、それを通じて従業員の健康やメンタルヘルスの支援を行っていく。そこでまず大事なことは「現状を知る」だ。例えば過重労働の面談も、「なんで労働時間が長いのか、どうやって短くするべきか」を話すのではなく、まず「相談者自身がどういう状況なのか」を聞く。労働時間が長くても、ワーク・エンゲージメントが高く、前向きに取り組んでいる社員と、明らかに疲れており、メンタルヘルス不調を起こしている社員では、産業医がやるべきことは全く異なる。一番大事なのは「何時間働いていますか」ではなく、「今のあなたの体調・心の状況はどうですか」と聞くことなのだ。

同じことが妊娠・出産でも言える。もちろん、今何週で赤ちゃんの体重がどれくらいと言われ、どういう症状があるのかは大事だ。しかしそれ以上に大事なのは、「それを妊婦本人がどう捉えているのか」である。赤ちゃんの体重が少し小さいと言われた時に、「だから増やさなくては」と解決策を提示するのではなく、「小さいことをどう捉えているのか」を聞いてほしい。産科で「多少小さいけど正常範囲ですし、気にしなくていいですよ」と言われていても、「もしかして今後うまく育たないかも」と強く不安になる妊婦も、「それなら大丈夫だろう」と前向きに捉える妊婦もいる。どちらにしても**「妊婦がどう捉えているか」で話の聞き方も、相談すべきことも変わる**。

そして重ねて理解しておいていただきたいのが、**「妊娠中の困りごとの大半は、どうにもできない」**ということだ。つわりを完全に治す方法はない。大きくなるお腹で苦しくても、姿勢や動きの工夫くらいしかできない。お腹の中に子どもがいる時点で、妊娠期間の様々な症状には、基本的に「耐える」しかない。

だからこそ、今の妊婦の困りごとに対して、「知識で解決策を提示する」ということは筋違いな対応になってしまう。「その症状や困りごとをどうするのか」ではなく、「何が辛くて、緩和するために何ができるのか」という観点で対応するのが重要だ。**妊婦の症状自体はどうにもならなくても、夫の対応やサポート次第では、楽になることもたくさんある。**

同時に忘れてはならないのが、**「夫も妻に話を聞いてもらう時間を取る」**ことだ。妊娠中の父親は「支援者」の側面が大きい。しかし、育児をすれば当事者であり、そこに向けて考えれば色々な不安や疑問が出てくるのは当たり前である。むしろ「何も問題ない」と感じているならば、それは現状を把握できていないとすら言える。

困りごと・不安を共有することは、結果として「目線合わせ」につながる。仕事の進捗が遅れていても、それを問題ないと捉えている人と、不安になって焦っている人ではそもそも話が嚙み合わない、というのはよくある話だと思うが、妊娠・出産・育児でも同じなのである。お互いの不安が一致しているのか、違うのかも把握できると良いし、どちらかが「大したことない」と思っているものを、もう片方が強く不安に思っていることもある。こういったお互いの違いは、口に出して共有しなければ絶対に分からないのである。

ここまでで、「最低限の知識を持ち、『危なくない』対処ができる」、そして「初期から時間を取り、今の状況や困りごとを聞き・共有する」という2つのプロセスを紹介した。

これが最初に伝えた、「知識」「目線」の話である。この2つを通じて、「妊娠中に頼れる夫」になれれば、最終段階である「考え方を同じ」にする「パートナー」になる段階にやっと進める。最初にも触れたが、いきなり「どういう育児が良いか」などの未来志向に偏ってしまい、今ここにある現実を見ないまま育児に向かってしまう父親は多い。**妊婦・母親はより「今」「現実」に目が向いており、まず父親もここを共有し、対処することが重要**なのである。

最後の「パートナー」になるために重要なことは、実際にこれからくる様々なイベントを共有し、そこに向けてお互いに主体性をもって対応することだ。知識を持ち、目線が合っていれば、将来に向けての話し合いを続けることで、自然と「パートナー」としてお互いの考え方を理解しあえる」ようになっていく。育児に「絶対的な正解」はほとんどないからこそ、お互いに「この人と共有・相談すれば、楽になるし、解決に向かっていく」という**「頼れる安心感」を作る**ことこそが、育児の様々な問題を乗り越えるのに、一番重要なことになる。

ここからは、そのための「話のタネ」を具体的なエピソードを通じて共有していく。

●妊娠中に共有できる取り組み

ここでは妊娠中に夫が「目線合わせ」、加えて「知識を得る」・「自分を守る」ためにできる取り組みを5つ挙げた。敢えて妊娠中に絞ったのは、この項では「妊娠中からの目線合わせ」「共有の重要性」を理解してもらいたいからだ。育児に伴って様々出てくる問題やその対応は、最後の「育児休業の意義を再考する」で触れていく。

①母子手帳を一緒に取りに行く

まず妊娠したら、市区町村役場に母子手帳を一緒に取りに行ってほしい。平日の日中に時間を取ることになるが、窓口である自治体の母子保健課や健康推進課・保健センターなどは、いざという時に頼れる先でもある。最近は父親向けのリーフレットや冊子を配っていることもあり、実際に行けば色々受け取ることができるだろう。そこに紹介されている知識は、役に立つものも多い。

②妊婦健診に同伴する

妊娠中は、数回でも良いので妊婦健診に同伴してみてほしい。もちろん、産科のスタイルや予定などもあるのでそれぞれに合わせてで構わない。おすすめは**10週頃と20週過ぎ**だ。10週頃は赤ちゃんがエコーで形となって見え、手足などが見え始めることもある。また出生前診断など、妊娠早期に色々考えなければならないことが、10週頃にはちょうど多く存在するので、話を聞く意味でもおすすめだ。20週過ぎは、エコーで精密検査を行うタイミングに合わせて行くと良い。普段からエコーを見ている病院でも、20週過ぎで赤ちゃんの各臓器などを詳しく見るエコーを行うことが多い。このタイミングは普段より長時間エコーを見る上に、エコーを行う医師や技師が解説してくれることも多い。赤ちゃんをより身近に感じることができるだろう。ただ地域や病院により多少時期が異なるので、どのタイミングで行うかは健診担当医に聞くと良い。

また可能であれば、**30週台からはこまめに同伴できるとなお良い**。お腹が大きくなり移動が大変であるのと、出産が近づくにつれ、様々なトラブルも増える。場合によっては妊婦健診のつもりで行ったのに、その日に帝王切開と言われることもある。このような際にも、同伴していればすぐに対応できる。

そして妊婦健診では、担当医や助産師など、専門職とコミュニケーションを取ってほしい。女性ばかりの空間で話しにくいかもしれないが、一度でも話したことがあれば、多くの医療職は気にかけてくれる。もちろん質問があれば遠慮なく聞いてほしいし、そうでなくても感想などを聞かせてもらえると、医療者としては嬉しい限りだ。どのような医療者・専門職がいるかを知っておくことは、いざという時に頼れる先を増やすことにもつながる。

③入院バッグ（陣痛バッグ）を作る

妊娠中、頻繁に妊婦健診がある1つの理由は、「いつ何が起きるか分からない」からだ。初期には切迫流産やつわり、中期には切迫早産や前置胎盤疑い、後期には妊娠高血圧症候群や常位胎盤早期剝離など、妊娠中に長期入院になったり、緊急手術になったりする例は決して少なくない。そのような時に役に立つのが「入院バッグ」だ。

これは妊婦がいつ入院になってもいいように、入院セットをひとまとめにしておくもので、産婦人科医としてはすべての妊婦に作ることをおすすめしている。もちろん出産が近くなれば、お産の入院に向けた準備（陣痛バッグともいう）の意味合いもある。

ぜひこれを一緒に作ってほしい。お互いの下着の場所や、必要な書類、特に妊婦として必要な服装類を夫が把握していないことも多い。何かあれば、夫が準備をしなければならないこともあるので、**リストを作り、家の中の場所を把握し、カバンに詰めるところまで一緒にやっていただければ、荷物関連でいざという時に対応できる**と思う。

実際に以前、筆者が主治医として妊婦さんに「すぐ緊急入院してください」とお話した際、「家に荷物を取りに帰るのはだめでしょうか」と聞かれたことがある。夫は妻の下着の位置も、必要な書類の場所も把握していないと思うとのことだった。そうはいっても帰っている間に何かあっては困るので、電話で夫に指示して持ってきてもらったのだが、このような事態は避けてほしい。

なお、入院バッグや陣痛バッグの内容については、インターネットで調べれば出てくるのでそちらが参考になる。

育児中も同じことが言える。子どもも何かと入院することは多い。服やお気に入りのものをまとめた入院セットを用意しておくと、いざという時にすぐに対応できる。こちらも、これまでに何度も「何が入っているか分からない」「そもそも入院バッグの存在を知らず、仕事中の妻に電話で聞く」という父親を多数見てきた。また小児科の看護師は、「子どもの飲んでいるおくすり」についてきちんと父親が説明できるかなどを見て、養育について参考にできるかを判断しているという。まさに**普段から病状などについて父母で共有できているかが、いざという時に大事**なのである。

④バースプランを一緒に考える

直訳すると**「出産計画」**だが、つまりどのようなお産がしたいかのプランである。もちろん、先程触れたように妊娠には「緊急事態」がつきもの。考えた通りにいかないことも多いが、そこも含めて考えることが重要だ。

バースプランは多くの病院で、助産師から妊婦に案内がされる。「どのようなお産がしたいか」を、医学的な話ではなく、「妊婦自身がどう過ごしたいか」を中心に書いてもらうことが多く、助産師はこの要望を参考にしながら、お産の間付き添ったりする。確かにお産をするのは妊婦だが、これを一緒に父親として考えてほしい。バースプランの中には、「赤ちゃんの写真をどうしたいか」などの項目もあり、立ち会いができる病院であればお父さんが撮るのかも重要になる。**決して父親にも無関係ではない**のだ。

そして何より、バースプランは、**「妊婦の希望」に寄り添う**ためのプラン。もちろん産婦人科医や助産師は、プロとしてその希望に寄り添うが、妻が一番寄り添ってほしい、一緒にお産に向き合ってもらいたいのは夫のはず。2人で「どういうお産＝スタートを迎えたいか」について相談することは、その先の育児の色々についても相談していく、最初の一歩ではないだろうか。

実際に、バースプランを一緒に考えた父親の多くが、「出産のイメージが変わり、リアルになった」「もっと簡単に済むと思っていた」という感想を寄せており、**「お産のリアル」を知るのにもいい機会になっている**ようだ。

⑤出生届を準備する・出す

これは正確には出産後の話ではあるが、実は父親の重要な役割の1つだ。出生届は**生まれてから14日以内**に、市区町村に提出する必要がある。半分は出産を担当した産婦人科医や助産師が記載し、残りの半分を両親が記入する。産まれた後、退院時に一緒に役所に寄って出すことも多いようだが、書類の準備や、他の手続きを整理するのは率先して行うと良いだろう。

また稀に、妊娠後の合併症などがあると14日以内に退院できないこともある。そのような時には、父親が1人で提出しなければならない。このような場合も想定して、父母双方がしつかりと内容や手続きについて把握しておくのは、妊娠前にしておく「準備」の1つだ。

最後に、妊娠中、育児について相談しておくと良い具体例を挙げておく。

- 育休をどうやって取るのか、交代のタイミングと、交替時に必要な準備は
- 一時保育を利用するのか、その目的は
- いつから育児保育を利用するのか
- 保育園に入れるのか、入れるならいつからか、そのために必要なことは
- 祖父母の力を借りるならどのように借りるか（来てもらう、実家に行く、預けるなど）
- お互いに困った時、どこに頼るのか
- ベビーシッターや託児所など、どこが利用できるのか、またはするのか

夫婦を守るコツは「睡眠」と「食事」

前項では「共感」を軸に話をした。妊婦の症状や様々な不安に対応する重要性を話したが、そのために必要な「妊娠の基礎知識」を学ぶのは決して簡単ではない。第1章のつわりの事

例で紹介したように、断片的な知識は誤った対応にもつながりかねない。

妊娠・出産を知るべき、と言ってもどこから手を付ければいいか迷うかもしれないが、要点は**「睡眠」**と**「食事」**だ。人間の欲求の最も根底にあるものであり、この2つを父母で共有することで、まさに先程から触れている「大変さ」も、また「育児の素晴らしさ」の多くも共有できる。本書ですべてを紹介するのはさすがに困難だが、本項では要点をまとめ、実践的な知識を紹介していく。


そもそも、赤ちゃんの生活と行動のほとんどは「睡眠」と「食事」だ。眠たくなれば寝るし、お腹が空けばミルクを求める。欲求のほとんどもこれに関連するところから始まる。つまり、この2つが生きていく上での基本であり、大人でも変わらないことである。

しかし**妊娠や育児は、親の睡眠と食事に大きな制約をもたらす**。特に女性は妊娠によりこの2つが大きく変化する。食事の制限・つわりに始まり、妊婦健診のたびに体重を計測し、消化が悪くなることで便秘になり、お腹が大きくなれば仰向けで寝られない、胎動などで起こされるといったイベントが続く。対して男性はこの時期は全く変化がない。

しかし育児となれば、3時間おきに起こされるなど、夜泣きで寝られない日が生じうる。

そして「ワンオペ育児」も、「産後うつ」も、寝られない・自分のリズムで食事ができないなどのことが、メンタルヘルス不調の大きな要因になっている。

これは育児に限ったことではない。東京医科大学の研究では、長時間労働によるメンタルヘルス不調は、「睡眠時間の短縮」と「食事時間の不規則化」を介して起こされていると示している[*1]。本論文では「長時間労働そのものがメンタルヘルスに対して直接的に悪というわけではなく、メンタルヘルスに強く影響することが知られている要因である『睡眠不足』と『食事の規則性』が長時間労働の結果、損なわれていくことが、間接的にうつや心身のストレス反応を引き起こしている」と指摘[*2]しており、睡眠・食事は人間のメンタルヘルスの安定に非常に重要ということがうかがえる。

だからこそ、「睡眠」「食事」について、知識をしっかり持ち、お互いに気にかけることが非常に重要だ。特に妊娠中は妊婦の睡眠・食事に気を遣うことが、コミュニケーションの重要な点になる。

まずは夫婦で、お互いの「睡眠」「食事」について相談してほしい。妊婦や母親に何を配慮したら良いか分からない場合も、**普段から「眠れてる？」や「食べられてる？」といった、**

これらに関する声がけは有効だ。最初は要点を得ないかもしれないが、繰り返し気にかけ、聞いていくことが妊娠や育児の理解につながっていく。多くの困りごとはこの2点から派生していくことが多いからだ。

ここでは参考に、妊娠初期から育児までの「睡眠」と「食事」に着目し、時系列で整理してみよう。

まず初期に来るのが**「つわり」**。食べたくても食べられない、匂いや味の嗜好が変わる、一度にたくさん食べられない、といった症状が出る。まさに「食事自体」も「食事の規則性」も妨げられている。だからこそ産婦人科医や助産師は、**「食べられる時に、食べられるものを」**と指導する。ここで厳格な食事管理をすれば、妊婦を追い込みかねないためだ。

このような中、目の前で匂いの強いものを食べたり、「少しなら」と妊婦が飲めないお酒を飲んだり、飲み会に行ったり、タバコの臭いをまとって家に帰るようなことがあると、妊婦にとっては相当なストレスになる。匂いに対する感覚も変化する。嗜好が変わるため、こちらは「いい匂い」のつもりでも、妊婦は不快になることがある。「白米を炊いた臭いがダメ」という妊婦もいたが、この点においては個人差があるので、「この匂いは辛い」と言われたらしっかりと避けることを心がけたい。

つわりを乗り越えるといわゆる**「安定期」**と呼ばれる時期になるが、４か月で１００ｇ程度だった胎児の体重は、５か月でも２５０ｇ程度、しかし7か月では１kg、産まれる時には３kgと急成長していく（母子手帳にある、胎児発育曲線を見ていただきたい）。

外から明らかにお腹が出っ張ってくるのは、個人差もあるが5か月を過ぎたあたりから。胎児自体の重さ以外にも胎盤・羊水・出産に備えた血液増加など、**体重は妊娠トータルで10kg以上増加**する（平均的な体重の妊婦の場合）。お腹が出っ張っていなくても既に子宮は大きくなっており、腸が圧迫されることで消化が悪く、便秘になっていく。しかし体重によっては、「もっと増やさないと」もしくは「少しセーブして」と言われ、**食欲と体重と食べられるキャパシティがちぐはぐな状態**になっていく。まさに「食べたいのに食べられない」や「食べたくないのに食べないといけない」といった状態にもなることがあり、食事については苦しさが続く。夫が一緒になって食事制限などをする必要はないが、その苦しさを理解し、食事の配慮などをすることは重要だろう。

また睡眠についても、お腹が大きくなって重くなれば仰向けにはなれず、夜は胎動で起こされることも。このような中で、十分なまとまった睡眠が取れず、昼寝などで睡眠を補うなど、**睡眠時間が長くなる妊婦も少なくない**。日中の動作も体重自体が重くなり大変な中、妊娠前通りに日常生活を送ることは困難だ。ここで「休んでいるのに家事ができていないのはなぜ?」や「寝てばかり」と言ってしまうのは、まさに不理解な一言なのである。

また産後もこの問題は続く。お腹の中の赤ちゃんがいなくなることで、確かに便秘など多くの問題は軽減されるが、経腟分娩では陰部が裂け、帝王切開ではお腹に傷ができる。特に出産直後はこの痛みで夜中起きてしまうこともあるし、産後の子宮がもとに戻ろうと収縮する「後陣痛」や、緩んだ関節がもとに戻る痛みを感じる母親も少なくない。痛み止めを使うのは授乳にあたって問題ないが、**出産後しばらくは痛みが完全には消失しない**ことも理解しておきたい。

またこれまで言及してきたように、**「マタニティブルー」**は産後すぐから2~3週の間、産後のホルモンの急減により気分が落ち込むなど、乱高下しやすい時期に起こる。「ガルガル期」と言われるものの一因でもあるが、メンタルの変動が睡眠にも影響するため、出産後も女性は悩まされることが多い。短期的には「産んで性格が変わった」と感じる父親も多いと思うが、マタニティブルー自体は産後時間が経てば消失する。「意味もなくあたったりしてしまった」と後から語る母親も少なくないため、この時期は少し寛容に気持ちを持つことも大事だ。逆に売り言葉に買い言葉になってしまっては、マタニティブルー後の関係性にも関わってしまう。

妊娠中～産後の女性は、「食事」「睡眠」について多くの困難を抱えている。だからこそ、この２つについては否定的な発言はせず、特に共感・支持的に対応するのが重要だ。お腹の中に赤ちゃんがいるだけで相当消耗していることは、男性には実感するのは難しい。だからこそ、この時期にはまさに**「妊婦を労《いたわ》る」**ことが重要になる。間違っても「もっと食べるべき」「バランスを意識すべき」など、「大変さ」を押しのけて解決策だけを提示するのは避けたほうがよい。一番シビアに気にしているのは妊婦自身なのだから。

しかし育児においては、父親・母親関係なく多くの困難が待ち受けている。特に「睡眠」は育児における最も重大な問題点といっても過言ではない。

新生児は産まれたばかりの頃、まだ24時間リズムが確立しておらず、約３～４時間リズムで睡眠と覚醒を繰り返す。大体３～４か月で24時間リズムに近づいていくが、整うまでには個人差がある。[*3] しかし24時間の睡眠リズムとなった後も、完全に安定はしていない。６か月以降で生じる夜間の理由不明な泣きを「夜泣き」と言うが、これも時期・度合いに個人差がある。1歳過ぎてから毎日夜泣きをするようになったというお子さんもおり、まさに両親が育休を終えたタイミング以降で生じることすらあるのだ。

夜中に赤ちゃんが泣けば、誰かが起きなくてはならない。一度起きれば、子どもが寝るまでは寝られない。必要に応じておむつを替えたり、少し抱っこして歩いたりなど、この「寝かしつけ」は親の睡眠を奪っていく。

しかし親だからといって、寝なくても生きていけるわけではない。20～30代の理想的な睡眠時間は約7時間～7時間半。これをまとまって取れないと疲労が蓄積していく。また慢性的な睡眠不足はメンタルヘルス不調の明らかなリスクでもある。

逆に、うつ病の初期症状に不眠が出ることも多い。睡眠不足とメンタルヘルス不調は、密接に関わっているのだ。実際に、産後うつで面談やヒアリングをした父親・母親ほぼ全員が、眠れないことが発症のきっかけであったり、初期症状となっていた。昼に仕事をし、夜は家で子どもに起こされるとなれば、まとまった深い睡眠を取る余裕はなくなる。

食事でも同じような問題が存在する。生後すぐの赤ちゃんは、睡眠リズムも短いが、授乳の頻度も多くなる。母乳であれば母親が毎回授乳することになるが、混合栄養やミルクを使う場合には、これを父親が担うことも多い。実際に携わると分かるが、寝かしつけに哺乳、そしておむつ替えなどをやっていると、自分の食事を作るのも、摂るのもままならない。リズムも不規則になりがちになる。

つまり、**妊娠・出産・育児は夫婦の生活スタイルを一変させる**のである。そして特に「睡眠時間」「食事リズム」に注目すると、大きな問題点が見えてくる。この２つを維持することが、夫婦にとって非常に重要になるのだ。少なくとも、**「これまでの家事や生活・仕事」をそのままに、育児と両立するのはほぼ不可能**なのである。

妊娠中は「妊婦の睡眠と食事の問題」をどうサポートするか、そして出産後は「父母の睡眠と食事の問題」にどう対処していくかが重要だ。出産後退院したら、その日から育児も夜泣きも始まる。だからこそ、両親の睡眠・食事をどう維持していくかは、絶対に妊娠中から話し合っておくことが大事なのである。

コラム　日本人の睡眠時間

先ほど、「20～30代の理想的な睡眠時間は約7時間～7時間半」と紹介したが、日本人は睡眠時間が短めで、睡眠不足の人も多いことが知られている。OECD加盟国の2019年調査でも、30か国中最下位だ。このデータでは442分（7時間22分）とされているが、NHKの「国民生活調査2020」では平日の睡眠時間の平均は7時間12分と、更に短い。この調査は成人が対象だが、働いている人や育児中の親に限れば更に短いのかもしれない。

理想的な睡眠時間は、なんと0～3か月の赤ちゃんでは14～17時間、1歳までの赤ちゃんで12～15時間、小学生で9～11時間、中高生で8～10時間、成人は7～9時間と言われている（それぞれ前後1時間程度の個人差あり）。必要睡眠量として、20～30代で6時間半以下の人は、多くても15％程度と考えられている。なぜか「6時間神話」が日本では根強いが、6時間睡眠で十分という人は限られていることを知っておこう。

育児をする前から足りていないという方は、ぜひ睡眠時間を見直してもらいたい。2週間、睡眠時間をしっかり取れば、それまでの借金は返済できると言われている。まずは2週間、毎日必要な睡眠時間を確保してみてほしい。きっと日中の眠気や、頭の働き方が大きく変わったと感じられるはずだ。むしろ昼の効率が良くなることで、全体のパフォーマンスは向上する。

なお自らの必要な睡眠時間を知るには、「じっと座ってぼーっとしていて眠くなる」「布団に入って5分以内に眠れる」の2つがなくなり、平日と休日の睡眠時間の差が2時間以内であるというのが一つの指標になる。

筆者も、勤務医時代は度重なる当直に従事し、普段の睡眠時間も十分でなかった。勤務医を離れてから睡眠にはかなり気を遣い、基本的に7時間半寝るようにしているが、明らかに昼のパフォーマンスが変わったと感じている。騙されたと思って、やってみてほしい。

また睡眠の質を高めるコツが、「健康づくりのための睡眠指針2014――睡眠12箇条」（厚生労働省）としてまとめられている。調べて参考にしてみてほしい。

育児休業の意義を再考する

最後に、ここまで触れてきた妊娠期の取り組みなどを受けて、育児、特にその中でも「育休」をどうやって考えていくかについて整理していこう。

筆者は現在の男性育児が「促進」に偏っており、「支援」が不足した状態であると述べた。そして「育休」に関して感じているもう1つの危機感が、この**「育休の意義」**だ。

男性が育休を取ることは素晴らしい。ここに異論はない。しかし、制度が育休のみをフォーカスし、どうしても「育休前後」がないがしろにされてはいないだろうか。ここでは改めて「育休の意義」について考えることで、その先の**「ライフプラン全体」と向き合っていく**ことを提案したい。

●出産、育休はゴールではなくスタート

妊娠から育児・育休にかけては大きなイベントが続く。出産、そして育休取得、職場復帰、更には保育園入園、小学校入学と、子どもが生まれると一気にイベントが増える。大人の10

年と、子どもの10年は全く違う。イベントが続く中で、それぞれはもはやゴールではなく経過地点、もしくは次のステージのスタートになっていく。

しかし、今の「男性育休」は、どうも育休が「ゴール」になっている気がしてならない。

確かに企業は育休取得率を問われているし、取得期間についてもデータが出始めている。取得率や日数は計測しやすいし、組織の指標になりやすいのは理解できる。実際に育児休業法の改正でも、制度や取得率にテコ入れがされている。

制度や取得率が伸びるのは素晴らしいが、その裏で「育休を取ればすべて良し」になりつつあるのも事実だ。

例えば先ほども少し触れたが、「育休を取らせていただくので、取得前はより仕事頑張ります！」という考えの男性は決して少なくない。もちろん適切に引き継ぎをし、職場に迷惑をかけずに育休に入るのは重要だが、既に妻は妊娠中なのである。仕事と同様に、「妊娠中の妻と時間を取って向き合うこと」や「今後の人生設計について相談すること」、そして「育児に向けて必要な知識を得ること」も重要だ。

育休後は、明けた瞬間からフルタイム＋残業が可能と考えている上司・父親は少なくない。しかし既に育児は始まっており、家には子どもがいる。妻がまだ産休中や育休中だとしても、その「ワンオペ育児」が問題になったからこそ、男性の育児参画は進んでいるのである。復帰後に「どのような形で育児と仕事を両立するか」という方針がなく、出産前のフルタイム＋残業が当たり前に維持できると考えているとしたら、相当認識がずれていると言わざるを得ない。

このように、日本ではまだ**「育休を取ること」にばかり目が向いて、その「前後」をどうするかに十分目が向いていない**のである。結果として、これまでに紹介した様々な問題が生じているのではないだろうか。

つまり育休で最も重要なのは、育休を取ること自体ではなく、**「育休後の人生設計」**なのだ。育休の日数に関係なく、**育休後には「育児と仕事の両立」が待ち受けている。**5日しか取らなくても、1年取っても、専業主夫にならない限りはこの「両立」と向き合わなければならない。そして**育児は10年以上続く。**もちろん最初の期間が特に大変ではあるが、たとえ1年取得したとしても、「働きながら育児」する期間のほうがはるかに長い。

つまり**育休は「育児の準備期間」**と言える。何事も最初は色々手探りで進めなければならない。時間が必要だ。初めての育児なら尚更であり、そのための準備期間なのである。

だからこそ、育休の「目標」は**「育児と仕事の両立に向けて準備をすること」**であると強く言いたい。

もちろん先程から触れているように、産後の身体的・精神的ダメージを受けている母親のケアというのも、特に産後育休の重要な意義である。しかし何度か触れたように、ケアをすればいいのは産後だけではない。それに出産による身体や精神のダメージは時間が経てば回復するが、育児自体も大きく負担となる。産後だけ父親が代わって負担を受ければ済む問題では決してないのである。

このような「目的意識」が抜けている実態が、最近話題の２つの言葉に表れている。それが「取るだけ育休」と「育業」だ。

「取るだけ育休」は「育休を取っても数日洗い物や洗濯をしただけ」など、育休を取得しても家事や育児に十分に父親が関わらず、夫婦の満足度が低い状況を揶揄している。まさに「目標不在の育休」そのものである。「取ること」が目的となっているので、取れれば十分。その中身についてはよく考えず、設計もせずに育休に突っ込めば、「やることがない」という状況になる。「育休明けにどのようになっていなければならないのか」という目標設定があれば、どの家事・育児をやるのか、習得すべきかが自ずと見えてくるだろう。

これに対するネーミングとして**「育業」**が東京都で掲げられた。まさに「休む期間」ではなく、「育児という〝業〟」を身につけるための期間、ということだ。「休んでその期間だけ育児する」のではなく、「そこから育児という〝業〟が始まる」ということである。

では、この「育休前後」をどう考え、どのような育休を取得すればいいのか。ここから紹介していこうと思う。

●「育休明け」を妊娠期から考える

先程も触れたが、人間の育児は約15〜20年続く。特に親の手を要するのは、保育・教育に入るまでの数年間だろう。ここでかかる「親にとっての負荷」を考えてみてほしい。

例えば金銭的な負荷は、子どもが大きくなるにつれて徐々に増えていくことが多い。学校が私立か公立か、習い事はどうするかなど変動要因も多いが、学費や教育費・食費などを考えても概ね増加基調だ。対して身体的な負荷は、明らかに新生児〜幼児期に突出して高く、保育園、小学校、中学校と年齢が上がるにつれて減少していく。中学生が夜に親を起こすことは、ごく一部の例外を除けば少なく、食事も自分で摂取できる。しかし新生児や幼児はこれらの「生活」に親の援助が必要であり、当然相当に親の手間が必要になる。

ここで仕事の負荷についても考えてみる。育休期間中は仕事から離れるため、ほぼ０に近いが、復職するとこれが戻ってくる。子どもが学校などに通いだせば、少なくともその時間は父母ともに仕事などに専念できるため、総じて保育や教育に入るまでの数年間が、様々な面での負荷が高く、また「両立困難」に陥りやすいのは明らかだ。

だからこそ、この数年を「乗り切る」という考え方が重要ではないか。以前であればこの数年を母親が家庭に入り、専業主婦となることで乗り切り、保育園や幼稚園に行かせた後にパートに出ることなどが一般的であった。しかし女性が産後も仕事を継続するようになり、時短勤務、そしてフルタイムで復職する人が増えた結果、仕事と育児の両立が必要になると同時に、「ワンオペ育児」が社会問題化したのは第2章で触れた通りだ。

この流れの中で男性の育児参画は進んでいるのだから、当然その目標は「父母ともに仕事をしながら育児をする」ことのはずである。育休期間や、休みの時だけ育児に参加するという考え方は、もはや古い。「休みの日なら育児に参加できる父親」では不十分で、**「平日仕事をしながら、朝や帰宅後に育児も担うことができる父親」**になることが求められており、このための集中トレーニング期間が**「育児休〝業〟」**、まさに「育業」なのである。言うなれば**「育児ブートキャンプ」**である。

もちろん意図して過酷な育児をする必要はないが、この「育児と仕事の両立」のためには、妊娠期から育児休業をライフステージの中で考えていく必要がある。そしてこれには、子どもの世話だけでなく、育児休業給付金や収入、子育てにかかる費用と貯金など、様々な要素が関わる。将来像から逆算して**「いつ・どのくらいの期間育休を取るのか」**、そして**「その育休が終わった際に、父母それぞれがどういう状況にあるべきなのか」**を計算して、育休に臨むのが重要だ。

その上の結論であれば、「父親は育休を取らず、母親が一定期間専業主婦として育児を担う」という選択肢もありなのだ。しかし先程お伝えしたように、専業主婦でも1人の育児は大変である。母親の孤立は避けなければならない。そのために父親が休日などは育児に携われるのか、祖父母の力を借りるのか、早期から保育サービスなどを利用するのか（ただし専業主婦は申請が通りにくい点に注意）などは一緒に考える必要がある。夫婦で様々な面を相談し、合意の上で「父親が育休を取らない」とするのは問題ないが、このような**選択肢のシミ**

ユレーション・検討なくして「育児は女性がやるもの」「父親が育児についてよく分かっていない」という理由で育休を取らないのであれば、それは問題である。

育休はあくまで「育児のスタートラインにおける、集中トレーニング期間」なのだ。取れば無条件で育児がうまくいくわけでもないし、やり方によっては取らなくてもその後の育児を適切に進められることもある。そしてその後の育児スタイルは各家庭・父母の状況で異なる。それぞれの状況に応じた育休期間・過ごし方を「育休後のビジョン」に合わせて設定する作業を、妊娠中によく話し合い、進めてほしい。

ただそうは言っても、育休の取り方・過ごし方には一定の「コツ」があると筆者は感じている。これは様々な夫婦の、様々な育休の取り方を聞いた上での結論なので、参考にしてもらえればと思う。

そのコツは、**「産後パパ育休の活用」**と**「パパのワンオペ育児の実践」**だ。

●育児を「妻のテリトリー」にしないために

第1章でも取り上げたが、育児に向き合おうとした父親から多く聞かれた声に、「何をやっても怒られる」というものがあった。実はこのような父親の大半が、育児休業がない・短い、もしくは遅めに取ったり、妻の里帰り出産を経験したりしていた。共通するのは、「出産直後にあまり育児に参加できていない」ということだ。女性側からの「父親が育児をすると、危ないし手間が増える」という意見が、この問題の本質を表している。逆に、育児をうまく分担している夫婦の多くは、出産直後に育休を取得していた。

初産では、父母ともに育児は初めてだ。しかし母親は知識や技術を学ぶ場が父親に比べて多い。例えば里帰りした家で母親が自分の母と一緒に育児スタイルを作り上げるパターンもある。「母親だけ」で育児をする環境ができると、育児のほとんどが「母親スタイル」で確立されることになる。もしここに父親が途中から入るとなれば、その方法の多くを母親に合わせる必要が生じてくる。

しかし途中から入る父親は、知識も経験も乏しい。練習の機会も少なく、「危なっかしい」「こちらの手間が増える」ものにならざるを得ない。もちろんある程度は教えるのも必要だが、先ほど触れたように「目線が合っていない」状態で育児に携わろうとすると、多くのすれ違いが生じる。そこから「何をやっても怒られる」という構図ができてしまうのではないか。産後1か月頃の母親がまだ精神的にも不安定な時期に重なると、父親は「どうせ色々言われるから、あまりやらないでおこう」と育児から離れてしまう。

家事でも同様のことが言える。産後、母親の家事は手の込んだものより、育児をしながらでもできる、時短や効率化を重視したものになる。ここで時に父親が家事をやろうとすると、この「時短や効率化」に合わない家事になってしまうことが多々ある。スキルはあったとしても細かくこだわったり、もしくはそもそものスキルが足りなければ余計厳しい。この意識の差は、第1章で触れた。

つまり、「何をやっても怒られる」の根底には、**「育児や家事が妻のテリトリー」になっている**、という問題があるのではないだろうか。確立されたテリトリーに自分のスタイルを持ち込もうとするから、怒られるのである。

これを防止する方法は至って単純だ。**「育児を共に創れば」**よい。

これまで、育児休業を月末に合わせて取るような方もいた。育児休業給付金や社会保障費の都合上致し方ない部分もあったのだが、この育児休業の取り方の最大の欠点は、「最も必要な産後にいない可能性がある」という点に尽きると言えよう。賞与月に合わせた場合は、まさに「取るだけ育休」の構図である。幸い、2022年の法改正では「出産直後の男性の育休」が重要視された。産後パパ育休は生後8週以内の制限がある。これを活かさない手はない。

まずは**夫婦で、「育児から父親を排除する構図」がないか確認**してほしい。第2章で触れた里帰り出産は、まさに育児開始の時期から父親を排除してしまう構図であり、祖父母の力を借りるのであれば、来てもらうか、夫も育休を取って一緒に帰省するのが良いだろう。

そして特に第1子出生後の家事や育児は、しっかりと休みを取って2人で行うのが重要だ。退院直後は母親の身体も厳しい状況であり、ここで父親が休みを取り、多くの家事・育児を行う意義がある。妻も自分でできなければやり方に多少の違いがあっても許容せざるを得ないし、大変な時に代わってくれた夫をあまりむげにはできないだろう。

●「両親」になるか、「母親と夫」になるか

もう1つ重要なのが、意図的な「ワンオペ育児の実践」である。とはいっても、父親単独

で育休を取り、大変な思いをすべきだと言っているわけではない。特に出産直後の育休の中で、どこか1日で良いので**父親が「ワンオペ育児」をする日・時間を作る**のだ。

退院後すぐは父母ともに育児に慣れていない。最初は2人とも手探りで育児に挑戦するが、丸1日しっかり育児をして、それを数回行えば基本的な手技は安定してくる。夜中の問題なども流れが理解できるだろう。そこで意図的に、母親に1日（ないし半日程度）家事・育児から完全に離れ、外に出てもらおう。その時間はゆっくりホテルなどで休むなり、気晴らしに買い物するなど、自由に使ってもらえれば、出産後に久々に1人で自由に過ごせる時間にもなる。父親は自宅で育児・家事すべてをトライしてみるのだ。もちろん急用を除き、電話をかけたりするのはNGだ。

1日であれば、例えば育児に追われて家事ができなくても、すぐにリカバーすることができるし、「子どもを危険な目に遭わせる」ということさえなければ、後からどうにでもできる。大変だとしても、1日なら耐えきることは容易だろう。

ちなみに「同じ家の中で母親が休み、父親が育児」や、「母親を家で休ませ、父親が外出」という形はおすすめしない。たとえ育児から離れていいと言われても、親であれば赤ちゃんの泣き声は気になるもの。同じ場所にいると、気持ちが完全には休まらない。また家事も同時にワンオペでやることに意義があるため、「父親が外出して育児」をするのでは、家事との両立の大変さが分からなくなってしまう。あくまで「父親が家でワンオペ、母親が外出」というのがおすすめだ。

産後の父親の「ワンオペ育児の実践」には、様々なメリットが考えられる。

まず何より、**「産後の母親が休息できる」**ということだ。第1章でも書いたが、多くの母親が「休みたい」という希望を持っている。産後の身体を休める時間もなく育児に突入する母親を、早い段階で1日でもゆっくり休ませることができれば、大きな効果があるはずだ。

そして**「父親が1人で育児・家事をできる」という自信を持てる**ことも大きい。特に母親が産休・育休明けで復職すれば、父親が育児の主たる担い手になる時間もできてくる。このような際に「父親1人でも大丈夫」となれば、**父親にとっては育児の自信に、母親にとっては相手に任せられるという安心感につながる**。

また実際にやってみれば、本当に細かい問題点が見えてくるというメリットも大きい。どうしても2人で家事・育児をやっていると、普段から細かなところに目を配ったり、家事に慣れていたりするほうが「細かい・見えない家事・育児」をさっと行っていることが多い。

ワンオペでやってみれば、このような細かい家事・育児も自分でやらざるを得なくなる。

逆に「こだわりすぎている家事・育児」も見えてくるだろう。赤ちゃんを抱えながらの家事は、どうしても「省力化・コスパ意識」にならざるを得ない。第1章で、家事・育児の「手間を省くこと」について父母で意識差があることを紹介したが、実際にワンオペでやってみれば、「可能な手間は省いたり、レトルトを活用したりすることが大事」なのも理解でき、同じ**「育児をする人」という目線を共有**できる。


このワンオペ育児は、たとえその後父親が育休を取らなかったとしても大きな効果がある。24時間365日、育児だけに向き合い続けるのは大変厳しいもの。専業主婦、専業主夫だとしても、時には相手も育児を担えることは、メンタルヘルスの安定には非常に大事だ。

しかし、やろうと思ってすぐにできるようなものではない。しっかりと妊娠中から準備し、夫婦同じ目線で、「危なくない育児」をできる程度の知識を身につけ、それで初めて「1人で任される父親」になるのである。産後育児にあまりコミットしていなかった父親が、ある日思い立って「今日は自分が見るよ！」と言っても、多くの母親は安心して子どもを預けることはできない。そこまでの積み重ねが大事であり、その重要な機会が「産後パパ育休」なのである。

このような面から、筆者は**「産後、母親の退院後すぐ、2週間以上」の産後パパ育休の取得**をおすすめしている。退院後すぐというのは「2人で育児を創る」ために必要であり、2週間というのは「1人で育児をできるようになる」のに必要だからだ。1週間ではおそらく「なんとか育児ができる」状態であり、ワンオペ育児の実践まではたどり着けないだろう。2週間あれば、2週目の後半などで挑戦することが可能になる。

実際にヒアリングでも、育休2週目で育児のコツが分かり、自信がついてきたという父親が多かった。このアイデアは実際に2週目に数日連続の「ワンオペ育児」に挑戦してみたという父親から得たものだが、その方は3日目で音を上げたという。さすがにそこまでやる必要はないと思うが、丸1日やってみることには大きな意義があるだろう。

できれば、お互いにこの「ワンオペ育児」をしてみて、感想や問題点を共有しても良いだろう。これまで気づかなかった点が見えてくるかもしれない。母親のワンオペ育児は多くで行われていたが、父親の視点からの意見もあると、お互いのスキルアップ・価値観の共有や目線を合わせることにつながると思う。

これらの「産後パパ育休」と「ワンオペ育児の実践」を通して、一番大事な価値観の変化が、先ほども触れた**「目線」**である。この2つをしっかり行えば、多くの父親は「育児の独り立ち」が可能だろう。分かりやすく言えば、**父親が母親を「逃げ場に〝する〟」のか、お互いが「逃げ場に〝なれる〟」のか**の大きな違いだ。

実践しないで当事者性を持つことはほぼ不可能だ。これまでの日本では、父親のみならず医師や周囲の人も、「お母さんなら分かっている」と思って接していた。「母性」という言葉に代表されるように、「女性＝母親であれば、子どもの世話の仕方や育て方を知っている」という思い込みは根強く、たとえ父親が育児を頑張っても、世の中の言う「育児の当事者」は母親だった。

だからこそ、育児文化には根強い「母親中心主義」と「父親を引き剝がすシステム」が存在していた。知らずのうちに「育児の当事者」ではなく「支援者」とされ、そういう発言をしてしまいがちな父親も決して少なくないと思う。しかし実際は、両親にとって育児は「初めての経験」だ。お互いに、日々分からない育児に向き合い、調べ、実践することで、育児に少しずつ適応していくのである。だからこそ、お互いに「逃げ場になれる」関係性が求められていく、つまり**「男性も育児を1人で対応でき、必要に応じて夫婦で協力できる」**ことが求められていくと、改めて強調しておきたい。

男女の違いを理解する

ここまで、どのようにして「父親・母親の差」を埋めていくか、無くしていくかという話をしてきた。確かに「育児において、父親ができないのは母乳をあげることだけ」とよく言われる。これはその通りだ。他の育児はほとんど父親でも、母親でも行うことができる。しかし、「同じ育児をしなければならない」わけではない。そもそも「父親・母親」ではなく、**「それぞれ個人」の育児スタイルがあっていい。**

もはや「父親の育児」「母親の育児」という言葉自体がナンセンスではないだろうか。それぞれが個人として、「自分のできる育児」を見出していく、これこそが重要なのだ。基本的な育児手技は両方ともできなければならないが、全く同じことをやる必要はない。

例えば、母親の育児は屋内で見守る、父親の育児は屋外で遊ばせる、といった固定観念はないだろうか。確かに生物学的に男性のほうが筋肉質であり、身体能力は高い傾向がある。

しかし、家事好きで内向的な性格の父親と、スポーツが好きで外交的な性格の母親であれば、子どもを外で遊ばせるのはむしろ母親が向いているかもしれない。夫婦ともにスポーツが好きで、自らも楽しむのであれば、どちらが遊ばせるのでも良い。重要なのは、子どもに合わせた身体活動を適切に行うことであり、それを父母どちらがやるのかは、大した問題ではない。「自分は『男親だから』こういう育児をする」ではなく、**「自分の性格や好みがこうだから、こういう育児をする」**と考えていただけたらと思う。

しかしその裏で、「身体的な差があるのは当然」という考え方も重要だ。子どもを産めるのは女性だけであり、それに応じた身体の違いや、思考の傾向は当然にある。必ずしも、「父親が母親化」する必要性はない。

そこで、逆の視点で「育児に存在する男女差」についてご紹介したい。

●身体的には差があって当然

男女の違い、その最たるものが「身体の差」だろう。男性は大きく、筋肉質。女性は細く、筋肉は少ない。しかし「妊娠をするため」のシステムを多く備えており、骨盤の形やホルモン・丸みを帯びた身体はそれに対する適応と言える。当然、妊娠に関しては男性はそもそも何もできない。

しかし身体の違いで言えば、「男性のほうが向いている育児」もある。その1つが**「抱っこ」**だ。抱っこは手の大きいほうが安定する。当然男性のほうが身長も高いことが多く、手が大きい場合が多いだろう。この抱っこ、子どもが大きくなってもできるのは、父親であることを覚えておいてほしい。産業医としての「労働」の観点を交えて、少し理論的に紹介しよう。

労働基準法では、女性は男性より厳しい荷重制限が行われている。腰痛リスクの観点では、「職場で継続的に持ち運ぶ荷物の重量」として男性は体重の40％以下、女性はその6割（24％以下）が推奨されている。つまり**男性のほうが重量に耐えられる**身体であるということだ。これは仕事の話ではあるが、子どもを抱っこするのも同様の継続的な重量負荷であり、同様の考え方は通じるだろう。

日本人男性の平均体重は70kg弱であり、その40％は約25kg。対して日本人女性の平均体重は55kg弱なので、24％は約12kg。赤ちゃんの頃は問題ないが、10kg（約1歳）にもなれば女性はギリギリの方も増えてくる。１歳は歩ける子も増えているがまだ抱っこは必要で、ここはまさに父親の出番になると言えるだろう。少し出番としては遅めかもしれないが、育児において腰痛に悩まされる母親も少なくない。子どもと直接触れる機会としても重要であり、早いうちから慣れていってほしい。

●少し難しい、ホルモンの話

さて、「男女の育児の違い」となると必ず出てくるのがホルモンの話だ。特に出産〜産後に女性で多く分泌され、子宮収縮や射乳にも関わる「オキシトシン」が愛情形成や育児に関連することは明らかだが、この男女の作用の違いなどについては分かっていない部分も多い。

他にも男性ホルモンである「テストステロン」の減少や、乳汁分泌ホルモンである「プロラクチン」の増加が男性でも見られるという研究[*4]もある。特にプロラクチンの上昇はパートナーの妊娠中から起きており、プロラクチン値が高い男性は、赤ちゃんの泣き声への反応が早く、育児行動に適応しているという分析[*5]もある。まだ実験レベルであり、これだけでホルモンと育児行動を断定することはできないが、パートナーの妊娠中から夫の身体にも変化が見られるということは、パートナーの妊娠に向き合うことにより意味があると言えるかもしれない。

またよく話題になる、「赤ちゃんの泣き声に対する反応」については、未だに統一された見解が得られていない。父親のほうが反応が鈍いという結果もあるが、育児時間が長ければ差が出ないという研究もあり、それが性差によるものなのか、育児への関与の度合いによるものなのかを現時点で断言することは難しい。しかし「母親は夜泣きで起きても大丈夫」ということは断じてない。どんなシチュエーションであろうと、睡眠不足は身体にもメンタルヘルスにも悪影響であり、この点において「男性は夜泣きで起きないから仕方ない、母親が対応すべき」というのは暴論と言えるだろう。

つまり、**ホルモンの変動があるから育児ができる、できないというのは極論**で、まさに「母性本能」につながりかねない話であり、注意が必要なのだ。ホルモンにより育児に適した行動を取りやすくはなるものの、**人間の育児は「学習」が重要**であり、本能的に自然にできるようになるものではない。

やればできるようになる。やらなければできない。もちろん今後、男女による育児や赤ちゃんへの反応の差が研究で示される可能性はあるが、少なくとも「男性が育児に向いていなない」という結果にならないことは、多くの育児をしてきた父親が示していると言えるのではないだろうか。

●男女で異なる、考え方・学び方

さて、最後は最も議論になる、「考え方」の話をしていきたい。ここで述べるのはあくまで傾向の話で、「男性だから」「女性だから」という話ではない。重要なのは傾向以上に個性であり、それぞれ個人がどういう考え方をするかに着目して、各家庭の育児や夫婦関係は語られるべきだ。

しかし社会全体として見た時に、筆者が「父親の育児支援不足」を問題として挙げたように、大勢の傾向に基づいたアプローチや支援策は重要だ。その意味で、男性に向けたアプローチで重要と思われる点を、少し整理しておこう。

よく**男性の行動原理は目的・達成志向、女性は共感・関係志向**という。男性は会議を好み、女性は相談を好むとも言ったりするが、育児においても一定の傾向が見られる。第3章で「データ・理論」に基づいた育児情報が男性に伝わりやすかった一例を紹介した。実際に育児関連のメディアを眺めていると分かると思うが、かなり「体験談」をベースに書かれているものが多い。「こういうケースでママは困った」という体験から、必要な情報などにつなげていく情報展開が主で、これはいわば「女性的」とも言える。実際に多くの男性が「育児情報への触れづらさ」を訴えていたが、「育児支援」をする側は「男女の考え方の違い」にある程度注意することが重要だろう。

また「育児の捉え方」についても男女で差があることは、様々な取り組みから見て取れる。男性育児の増加と共に増えてきた一つの方法に、「育児・家事のタスクリスト化」がある。確かに何をしているのかを細かく明確にすることは、育児・家事を捉える上では有効な可能性がある。**女性は家事を「一連の流れ=線」として捉え、男性は「一つ一つ=点」として捉える**という違いが語られることがあるが、これが性差によるものか、単にそれまでの家事への関与によるものなのかはなんとも言えない。

しかし女性に比べ、**男性は「できている項目数を点数」と捉える傾向が強い**のをヒアリングでも感じる。タスク化することで、育児参加が容易になるのであれば良いが、その結果として過度に厳しい自己評価を下し、「仕事のようにタスクを消化できない自分」と捉えてメンタルヘルス不調を起こす事例も見られた。もちろん家族で理解し、適切に使える手段であれば良いかもしれないが、過度のタスクリスト化は問題になる可能性もある。

結局、育児においては**「バランス」**が重要なのである。これまでの育児が女性中心に行われてきた以上、そのまま男性の参画を促すのは難しい。より男性自身の意見を汲んだサービスや支援が求められるだろう。しかし家庭という単位で見た時には、「両親が納得するやり方」が一番重要であり、お互いに違いを理解した上で、「目的・達成」のための話し合いも、「共感・関係作り」のための話し合いも持つのが良いのではないだろうか。過度に「どちらも同じ」とするのではなく、**「お互いの違い」を理解し、双方がやりやすい手段を用いて、歩み寄る努力をすること**が重要なのだ。この違いは一定の傾向はあれど、それぞれのカップルで異なる。だからこそ、妊娠期から育児という目的のため重ねて話し合うことと、その上で共感が重要であることを紹介してきた。

またこのような「違い」があることは、子どもにとっても良い影響をもたらす。成長において、一定の時期までは親を同一視し、愛着形成が非常に重要であるが、自我が芽生えると、多様な人との付き合いの中で自分を形成することが重要になる。目の前で父母が争うような多様性は問題（場合によっては精神的虐待にすらなる）だが、それぞれが異なる接し方をすることは、子どもの人格形成の上では良いと考えられている。これは他所でも語られているのであまり言及しないが、父親の子育てへの関与が学業や精神面へ良い影響をもたらすことは明らかだ。これには父親という「男親」の影響もあるかもしれないが、多様な育児が行われることによるメリットも大きいだろう。

[注]

1 Tenshi Watanabe et al., Long Working Hours Indirectly Affect Psychosomatic Stress Responses via Complete Mediation by Irregular Mealtimes and Shortened Sleep Duration: A Cross-Sectional Study. *Int. J. Environ. Res. Public Health* 2022, 19 (11), 6715.

2 東京医科大学精神医学分野 産業精神医学支援プロジェクト、「残業それ自体ではなく、長時間労働による睡眠不足と食事の不規則さがメンタルヘルスに害を与える」 https://team.tokyo-med.ac.jp/omh/news/202205watanabe_shimura/ 2022/6/5

3 笹木葉子、エビデンスに基づいた育児情報の検討～乳児期の睡眠覚醒リズムの確立～、北海道医療大学看護福祉学部紀要、12, 2005, 69-74

4 AE Storey, CJ Walsh, RL Quinton, KE Wynne-Edwards. "Hormonal correlates of paternal responsiveness in new and expectant fathers" *Evol Hum Behav* (Report missing IFs). 2000 Mar 1; 21 (2): 79-95.

5　David P. Barash and Judith Eve Lipton, Strange *Bedfellows: The Surprising Connection Between Sex, Evolution and Monogamy* (New York: Bellevue Literary Press, 2009), 73-76.

終章　気づいてほしい、自分を守る術

本章は、企画時点では第5章の最後にあった部分だ。しかし、いざという時はここに立ち戻ってほしい。そんな気持ちも込めて、敢えて「終章」として別立てにした。

この終章では、**「自分を守る方法」**について紹介する。ぜひ一度読んで、万が一自分が不調を感じた時には、この章に書いたことを思い出してほしい。

頑張りすぎると、父親も危ない

育児は親子ともに多くの得るものがある。もちろん、育児に興味がない、したくないという意見も尊重されるべきだが、多くの方が育児に携わり、喜びを得ている。

しかしその裏で、**育児により心や身体を壊す人が決して少なくない**ことも、頭の片隅に置いておいてほしい。もちろん大前提として、育児に参加することは素晴らしい。希望するならぜひ携わってほしい。しかし、その素晴らしさの裏には、多くの大変さや、親のプライベートなど一定の犠牲があり、その「度合い」を見極めることが非常に重要なのだ。

特に日本人は長時間労働の傾向が強い。育児前から、労働の負荷が高めということだ。産業医として特に強調したいのは、長時間労働「だけ」なら病まない人でも、**「複数の要因が重なる」といきなり追い込まれる**可能性があることだ。「長時間労働＋上司からのパワハラ」などは最悪の例だが、そうでなくても「長時間労働＋プライベートのアクシデント」でメンタルヘルス不調になる従業員は少なくない。

このような時に、産業医として従業員と面談していると、「家族が亡くなり、気持ちもふさぐし、相続なども大変です。でも仕事は仕事なので、きちんとやります」という方がいる。「プライベートのことで、会社に迷惑をかけてはいけない」という考え方のようだが、筆者はそのような状況の時は、**「プライベートでそれだけ大変なことがあるなら、仕事の負荷は減らすべきです」**と伝える。

人間にとって、**「負荷の総量」は全体で考えるべき**なのである。仕事・プライベートで分かれているわけではない。プライベートの負荷が少なければ、仕事で多くの負荷をかけても耐えられるが、プライベートも負荷が増えた場合には、他の何かを減らさなければ精神的・身体的な健康は維持できない。

そして「育児」は、「大きな負荷」を親に与える。育児の負荷が増えたならば、仕事か育児の負荷を減らせるような協力を周囲や社会から得られなければ、親は追い込まれる。長時間労働も、職場の人間関係も、家族のアクシデントも、育児も、すべて同じく「負荷」なのである。

この意味では、本来は敢えて「男性産後うつ」を定義する必要性はないと筆者は考えている。育児という負荷があった場合に「産後」と名前をつけて定義しているだけで、本質的には様々な負荷が乗った結果としての事象であり、すべて同様の「うつ」なのである（なお、母親にはマタニティブルーという産後特有のリスク因子があるため、完全に同じというのは難しい）。

しかし現在、「育児」が大きな負荷であることはまだ世間であまり認識されておらず、むしろ「両立できないと不十分」のように語られている風潮がある。これに対するアンチテーゼとして「産後うつ」という言葉は必要であり、だからこそ本書でもしっかりと言及した。

そして、労働者のみならず親にも伝えたいのが、**「最も大事なのは自分の健康」**ということである。自分の健康を大きく害してまで、仕事や育児に向き合うべきではない。特に育児においては、親のメンタルヘルス不調は子どもの発達に明らかに悪影響だ。「自分しかいない」と思い込むのではなく、**「負荷の総量を適正に調整する」**という観点で、場合によっては色々な所を頼ることを絶対に覚えていてほしい。

特に真面目な方は、自分のメンタルヘルス不調を感じていても、「自分がやらなくては」と立ち向かい続け、どこかで折れたようにうつ状態となってしまう。これは最悪のパターンだ。軽いメンタルヘルス不調程度であれば、少し休むなど、負荷を減らせば短期間で不調を脱することができる。しかしこれを放置し重いメンタルヘルス不調を起こせば、長い休みを取り、場合によっては薬などを使う必要性も出てくる。ストレスがメンタルヘルス不調という形だけではなく、胃腸などの身体疾患も伴えば、治療後も胃腸の機能低下はそのままというこどもある。実際、筆者も昔ストレスから胃潰瘍になった経験を持つのだが、今でも脂っこいものはあまり食べられない。メンタルヘルス的にはしっかり回復したが、身体は後遺症を残してしまったのだ。

軽いメンタルヘルス不調程度なら、子どもに与える悪影響はごくわずかだろう。祖父母や社会的資源に頼ることは、子どもに大きな悪影響は与えず、社会性という意味ではむしろ良い影響があるかもしれない。しかし**重いメンタルヘルス不調を起こせば、それ自体が子どもに悪影響**だ。そして長期間育児から離れることになれば、子どもの愛着形成にも影響しかねない。

だからこそ、繰り返しになるが**「最も大事なのは自分の健康」**なのである。親が、子どもより自分を優先、という考え方ばかりでは子どもは困ってしまうが、**「自己犠牲」と呼べるレベルまで献身的なのも、回り回って子どもに悪影響**なのである。特に日本では親の自己犠牲を礼賛する文化を感じるし、「母性的自己犠牲」を支える「父親」という考え方も根強いので、ぜひ改めてほしい。

再び、「有害な男らしさ」

このような自己犠牲の考え方や、メンタルヘルス不調に陥りやすい最たる思考が、これまでも紹介した**「有害な男らしさ」**である。ここでは改めて、具体的な考え方の例も含め紹介したい。

・父親は大黒柱として、家庭を（精神的・金銭的に）支えなければならない
・父親は子どもを養う・導く立場だ
・父親は強くあるべきだ
・父親の背中を見せて、子どもを育てるべきだ
・失敗を見せるのは恥だ
・他人に助けを求めるのは恥だ
・父親が感情的になるのは良くない

第3章でも触れたが、「父親（母親）だから○○」ではなく、「親だから○○」という観点で育児に触れてほしい。確かに身体的な差による「妊娠・出産」「重量物の運搬」などは「父親（母親）だから○○」で良いが、これが通用するのは身体的な差についてのみである。それ以外の役割分担において「父親（母親）だから○○」という考え方をすると、このような「有害な男／女らしさ」という思考にはまりやすくなる。

このような思考は、男性の自殺率を2・5倍に引き上げるという研究結果を紹介したが、その根底には当然、男性のメンタルヘルス不調がある。父親がメンタルヘルス不調になれば、

家庭内不和などの原因にもなり、母親、そして子どもへ悪影響なのは前項で触れた。

また虐待にもこのような要素は関わっている。父親に子どもを「指導し、導く」という考え方があれば、必然的に上から下へのコミュニケーションとなり、抑圧的になる。父親の虐待というと暴力的な要素を思い浮かべる方も多いと思うが、勉強に対する強制や罵倒といった、「精神的虐待」も少なくない。更生プログラムに通う多くの父親が、「指導のため」「子どもを正しい方向に向かわせるため」と虐待を正当化していたことを話している。

結果として、「有害な男らしさ」は母子への直接的な害のみならず、自らを追い込むことで、母子へ悪影響を与えることにもつながる。ぜひ**「自分も1人の〝親〟」**であること、そして**「自らのケアも重要」**であることを、本書を通じて記憶にとどめてもらえたら嬉しい。

危険な徴候

最後に、父親自身、もしくは父母同士や周囲の人が気づける**「危険な徴候」**について整理する。

ここで紹介するのは、「産後うつ」ではなく、「うつ」に関する話だ。産後でなくても有用であり、下記のような思考や症状が見られたら、一度立ち止まって、「今の自分」と向き合ってほしい。もし大変な状況であるなら、その時に必要なのは**「頑張る」ではなく、「休む」こと**だ。負荷を減らさず、休みも取らずにメンタルヘルス不調を改善するのは、ほぼ不可能と思っていい。

［自分で感じること］

・悲しみやむなしさを感じる
・絶望的だと思う
・これまで興味のあったことに興味がなくなる
・何も決められない、考えられない
・食事制限などをしていないのに、食欲や体重が大きく減ったり増えたりする
・寝たいのに寝られない、もしくは長い時間寝ないとつらい
・途中で起きてしまったり、必要ないのに朝早く目覚めたりする
・疲れを感じやすくなる、やる気がわかない

- 自分は価値がない、（例：育児をする）資格がない
- 死について繰り返し考える、明確に計画を立てる

［他人が感じること］

- 明らかな理由なく、もしくは少しの感情の変化で泣いたりする
- 以前よりイライラしやすい、怒りっぽい
- 以前より焦っている、もしくは思考や行動が明らかに遅い
- 朝起きられない、遅刻や準備不足が増えた
- これまでに比べて明らかにミスや不十分な作業・仕事が増えた

また母親においては、産後うつのスクリーニング手段として**「エジンバラ産後うつ質問票（EPDS）」**が広く用いられている。多くは産後1週～1か月程度のマタニティブルーが増える時に、産婦人科や保健師により行われるが、妊娠中や産後1か月以降に行われることもある。

父親に対してEPDSが利用できるかどうかは、現時点では定まったデータがない。しか

し前述と似たような質問があり、参考になると思うので、気になった方は調べてみると良いだろう（日本語版はｗｅｂで無料公開されている。また母子手帳についていることも多い）。

もし不調を自覚したら

まずは**「誰かに相談」**することを最優先にしてほしい。パートナー、上司、そして会社の産業医やクリニックの医師、カウンセラーなど、できれば**普段から、「いざという時に相談」できる相手を複数確保しておく**のは重要だ。

その中で、明らかにメンタルヘルス不調が強い場合には、早期に受診することをお勧めする。その時の状況に合わせて、医師から内服薬や仕事・育児の調整について話をしてもらえるだろう。ただ医療職にもまだ「男性が育児をする」という認識が広まっていないのが現実なので、自分が育児をしていること、それによって問題が生じているならその内容についても伝えるのが良い。

まず相談・受診をした上で、**可能な限り早く「負荷を減らす」**ことに取り組むべきだ。残業があるならしなくて良いようにしてもらう、場合によっては休職する。育児についても実家の手を借りて少し離れるなど、可能な手は全部試したほうが良い。中途半端に手放せずに続けるのが、一番復調を遅らせ、悪化や再発の原因になる。理想的なのは、**一度「すべての負担から離れる」**ことだ。仕事も休み、育児からも離れ、数日で良いのでひたすら寝て休む。メンタルヘルス不調の時に一番必要なのは「休息」であることを覚えておいてほしい。

重ねてお伝えしておくが、**「最も大事なのは自分の健康」**なのである。

おわりに

ここまでお読みいただき、ありがとうございました。ｗｅｂ記事の執筆、論文の執筆経験はあるものの、書籍を仕上げるのは初めてで、至らぬ点も多かったかと思います。読みにくい部分などもあるかもしれませんが、ご容赦いただければ幸いです。

「産婦人科医」というと、女性の医者、という印象が強いと思います。しかし私が今ライフワークとしているのは「お父さんの支援」です。

その根底には、産婦人科医として、現場でお産などと向き合っていた日々の、様々な経験があります。産婦人科は妊娠・出産のみならず、「女性特有の病気」を幅広く診ます。その中で私が感じていたのは、その周りにいる男性の問題。上司、同僚、そして夫、様々な「男性」が創り出している問題であり、「世の男性は何をしているのだ……」と思っていました。

その後、私は産業医としても働き始めました。産業医は企業において、労働者の健康管理を行うのが主な仕事です。「ストレスチェックや健診、休復職で面談する人」という印象が強いかもしれませんが、実は幅広く企業内の健康管理や、組織のハラスメントなどにも関わります。産業医として企業から家庭をみていく中で、実は社会制度や色々な背景が「父親を苦しめている」のではないか？　という疑念が生まれたのです。

同時期に、「父親に対する教育・情報提供が必要だ」と訴え、経済産業省のアクセラレータープログラムである「始動ｎｅｘｔ　ｉｎｎｏｖａｔｏｒｓ　２０２１」にも採択されました。ここで問われるのは、「顧客のニーズは何か？　徹底的にニーズや『不』を見つけ出せ」ということです。言われるがままに、多数の父親・母親にヒアリングをさせてもらう中で、「世の中の男性が抱える問題の多くは、社会システムによるものだ」という確信を抱くようになりました。特に「男性の産後うつ」について実際のデータやリアルな声を知った時、「これを見過ごせば、いよいよ日本の育児環境は崩壊する」とすら感じました。

その結果として生まれたのは、実は当たり前ながら、見過ごされてきた次の事実です。

「育児をする人は、全員が支援されるべきだ」

日本のこれまでの育児支援は、あまりに「女性」に偏っていました。「母子保健法」という名前に代表されるように、育児の担い手は女性であり、育児支援も女性を中心に行う。それでシステムとして成立していました。

しかし2020年代以降、急速に男性の育児参画は進んでいます。今の父親たちは、「当たり前」に育児に参画しようとしていますが、社会はそれに追いついていません。

2022年の育児休業法の改正は、「法律」という面で大きく社会制度を変えました。しかし、法律が変わればすべてが変わるわけではありません。むしろ、「支援」がないのに「推進」をすると、そこから漏れ、苦しむ人が増えるのは、どの社会システムでも同じです。私はここに強い危機感を抱いて、今こうして筆を執っています。

もちろん、妊娠・出産による身体的なダメージも含め、最も大変なのが母親であるのは言うまでもありません。しかし、育児は母親にとっても父親にとっても初めての経験であり、特に現代の状況では、「支援」なくして育児を行うのはほぼ無理なことは、これまで発信した記事でも、本書でも触れてきました。

だからこそ、「男性も女性も、育児と仕事をＨｅａｌｔｈｙにできることが大事」と思って取り組んでいます。

皆様がこの本を読んで、「こういう問題点があったとは」と思っていただけたら嬉しいです。またこの本を起点に、日本の男性育児が変わっていくことを祈り、自分がその当事者として活動をしていくという誓いをもって、謝辞と代えさせていただきます。

本書の執筆にあたり、企画のお声がけから編集まで一手に引き受けてくださった、中央公論新社の齊藤智子様、最初に「男性の産後うつ」の問題を記事として世に出す際に大きなご助力をくださった、メディカルジャーナリズム勉強会代表理事　市川衛様、BuzzFeed　Japan　Medicalエディター　岩永直子様、日経ヘルス編集長　白澤淳子様・日経xwoman副編集長（DUAL編集リーダー）蓬莱明子様・日経xwoman　DUAL編集記者　福本千秋様、そしてDaddy　Support協会の理事として、実際の父親支援活動を共にし、この原稿に対し様々なコメントをくださった、斉藤圭祐様・中西信介様、専門家として資料の提供やご意見をくださった国立成育医療研究センター研究所政策科学研究部　部長　竹原健二先生、コラム執筆において専門的な知見をご提供いただだいた、株式会社Ｋｉｄｓ　Ｐｕｂｌｉｃ「産婦人科オンライン」代表の重見大介先生、一般社団法人にじいろドクターズ・ほっちのロッヂの診療所の坂井雄貴先生に重ねて感謝を申し上げます。

そして、私のヒアリングに快く応じていただき、様々な経験や想いをお話しくださった、父親・母親の皆様、この問題点を社会活動として実装する際に、様々なアドバイスをいただき、論点を整理してくださった、経済産業省「始動Ｎｅｘｔ　Ｉｎｎｏｖａｔｏｒｓ　２０２１」の事務局・メンター・そして同期の皆様など、多くの方々に支えられてこの本・そしてプロジェクトが成り立っていることを申し添えておきます。

２０２３年４月10日

一般社団法人　Ｄａｄｄｙ　Ｓｕｐｐｏｒｔ協会

代表理事　平野翔大

ラクレとは…la clef＝フランス語で「鍵」の意味です。
情報が氾濫するいま、時代を読み解き指針を示す
「知識の鍵」を提供します。

中公新書ラクレ
791

ポストイクメンの男性《だんせい》育児《いくじ》

妊娠初期《にんしんしょき》から始《はじ》まる育業《いくぎょう》のススメ

2023年 4 月10日発行

著者……平野《ひらの》翔大《しょうだい》

発行者……安部順一
発行所……中央公論新社
〒100-8152 東京都千代田区大手町 1-7-1
電話……販売 03-5299-1730　編集 03-5299-1870
URL https://www.chuko.co.jp/

本文印刷……三晃印刷
カバー印刷……大熊整美堂
製本……小泉製本

Published by CHUOKORON-SHINSHA, INC.
Printed in Japan ISBN978-4-12-150791-4 C1230

中公新書ラクレ　好評既刊

L638
中学受験「必笑法」
おおたとしまさ 著

中学受験に「必勝法」はないが、「必笑法」ならある。第一志望合格かどうかにかかわらず、終わったあとに家族が「やってよかった」と笑顔になれるならその受験は大成功。他人と比べない、がんばりすぎない、子供を潰さない、親も成長できる中学受験のすすめ――。気鋭の育児・教育ジャーナリストであり、心理カウンセラーでもある著者が、中学受験生の親の心に安らぎをもたらす「コロンブスの卵」的発想法を説く。中学受験の「新バイブル」誕生！

L663
赤ちゃんはことばをどう学ぶのか
針生悦子 著

認知科学や発達心理学を研究する著者は、生後6～18ヶ月くらいの子ども、いわゆる〝赤ちゃん研究員〟の「驚き反応」に着目し、人がどのようにことばを理解しているか、という言語習得のプロセスを明らかにしてきた。本書はその研究の概要を紹介しながら、これまでに判明した驚くべき知見を紹介していく。そのプロセスを知れば、無垢な笑顔の裏側に隠された「努力」に驚かされると同時に、赤ちゃんへ敬意を抱くこと間違いなし！

L731
どの子も違う
――才能を伸ばす子育て　潰す子育て
中邑賢龍 著

個性が強い子どもたち。突出した才能に恵まれても、そのうちのいくらかは問題児扱いされて居場所を失い、結果として不登校などになりがちだ。そんな彼らに学びの場を提供する東大先端研「異才発掘プロジェクトROCKET」でディレクターを務めるのが著者だ。教科書も時間割もないクラスで学ぶものとは？「成績が良ければ優秀」な時代は過ぎた？　最先端の研究の場で得られた知見を一冊に集約し、子どもの才能を伸ばす子育て法を伝授！